Volkswirtschaftliche und wirtschaftsgeschichtliche Abhandlungen

herausgegeben von

Wilhelm Stieda

o. ö. Professor der Nationalökonomie in Leipzig

III. Folge Heft 6

Die Deutsche Möbelplüsch- und Moquette-Industrie

Geschichtliche Entwicklung und gegenwärtige Lage

Von

Dr. phil. Karl Germann

Leipzig
Verlag von Veit & Comp.
1913

Volkswirtschaftliche und wirtschaftsgeschichtliche Abhandlungen
herausgegeben von
Wilhelm Stieda
o. ö. Professor der Nationalökonomie in Leipzig
III. Folge Heft 6

Die Deutsche Möbelplüsch- und Moquette-Industrie

Geschichtliche Entwicklung und gegenwärtige Lage

Von
Dr. phil. Karl Germann

Leipzig
Verlag von Veit & Comp.
1913

Druck von Metzger & Wittig in Leipzig.

MEINER LIEBEN FRAU

Vorwort.

Der Wunsch, zur wissenschaftlichen Erforschung der vielseitigen Industrie meines Wohnortes Bielefeld beizutragen, machte mich auf die Plüschweberei aufmerksam, die neben der alten heimischen Leinen- und der aus ihr hervorgegangenen Wäscheindustrie wie ein Fremdling erscheint. Wegen des verhältnismäßig geringen Umfanges in Bielefeld wurde die Untersuchung auf die gesamte Plüsch- und die ihr eng verwandte Moquettefabrikation Deutschlands ausgedehnt.

Dem Studium ihrer Geschichte widmete ich mich mit besonderer Gründlichkeit, da sich herausstellte, daß sie in Deutschland und auch im Auslande unbeachtet geblieben ist. Schwierigkeiten ergaben sich hierbei aus dem Umstande, daß die Bezeichnungen „Plüsch" und „Moquette" erst spät in Gebrauch kommen, und im Mittelalter andere Namen für diese Gewebe üblich gewesen sind. Das in der Literatur sich sehr zerstreut vorfindende Material reicht zu einer lückenlosen Geschichte nicht aus, und ich bin mir bewußt, kein geschlossenes Ganze zu liefern. Es gelang mir, in Eugène Soils Untersuchungen über die Teppichindustrie von Tournai die ersten Spuren der Plüsch- und Moquetteweberei zu entdecken und den Nachweis zu erbringen, daß Tournai der älteste große Platz dieser Industrie, im weiteren Sinne überhaupt der Möbelstoffindustrie, gewesen ist und als Ausgangspunkt für ihre Verbreitung angesehen werden muß.

Die Plüsch- und Moquetteweberei ist ein echtes Emigrantengewerbe, eng verknüpft mit den merkantilistischen Bestrebungen jener Zeit, und diese Forschungen haben als bemerkenswertes Resultat ergeben, daß außer den Seiden- und Samtstoffen, deren Geschichte bekannt ist, die Plüschgewebe unter den von den Niederländern in Deutschland und anderen Staaten eingebürgerten „neuartigen Wollzeugen", wie sie in der Literatur gewöhnlich heißen, die Hauptrolle spielen. Die hier gebotene Geschichte ist daher eine Ergänzung zu derjenigen der verwandten Samt- und Teppichindustrien und eine Vorarbeit der Geschichte der Möbelstoff-Fabrikation.

Der zweite Hauptteil befaßt sich mit den Verhältnissen dieser Industrie in der Gegenwart. Ich ging hier von dem Gedanken aus, der ganzen Anlage des ersten Teils entsprechend, ein mehr allgemeines Bild zu geben. Die Behandlung eines einzelnen Platzes würde zwar den Vorteil tieferen Eindringens, besonders in bezug auf die soziale Lage der Arbeiter, haben, andererseits aber der Bedeutung dieses Zweiges der Weberei zu wenig gerecht werden, zumal die Abwanderung der Industrie auf das Land den Schwerpunkt von den Produktionszentren verschiebt. Wir haben eine etwa 50 Betriebe umfassende Industrie vor uns, deren Standorte, obwohl räumlich weit getrennt, aus dem geschichtlichen Werdegang erklärt werden können. Einen einheitlichen Charakter in ihrer Geschlossenheit hat höchstens die Möbelstoffindustrie von Chemnitz. Aber in ihr haben Plüsche und Moquette eine wechselnde Bedeutung, je nachdem die Mode ihnen günstig ist oder nicht. Die gemeinsame technische Grundlage verleiht den Velourstoffen eine solch gesonderte Stellung, auch in der Geschmacksrichtung der Konsumenten, daß die Behandlung der gesamten Möbelstoffweberei untunlich erschien.

Die in den letzten 20 Jahren erfolgte Einführung des mechanischen Webstuhls hat die Industrie in eine Krisis gestürzt, zu deren Verständnis ich der Schilderung des Fabrikationsprozesses einen breiteren Raum zu lassen für nötig hielt. Dagegen wurde von einem näheren Eingehen auf die innere Organisation einer Plüschfabrik abgesehen, da sie keine Besonderheiten gegenüber jeder anderen Weberei zeigt. Ich verweise in dieser Hinsicht auf die Arbeit von Dr. Ephraim: „Die Organisation einer Tuchfabrik."

Der geschichtliche Teil dieser Abhandlung ging aus meiner Beteiligung am Volkswirtschaftlichen Seminar des Herrn Geheimen Hofrat Professor Dr. Stieda hervor, der mir während dieser Zeit und auch nachher durch vielfache Anregung und Förderung in liebenswürdigster Weise behilflich war, wofür ich meinem verehrten Lehrer verbindlichen Dank schulde. Auch in anderen Bibliotheken fand ich wertvolles Material. Die Darstellung der jetzigen Lage der Industrie wurde mir ermöglicht durch mündliche und schriftliche Auskunft von zahlreichen Herren, die zu dieser Branche beruflich in Beziehung stehen. Ich fand ohne Ausnahme freundliches Entgegenkommen, und es ist mir ein Bedürfnis, auch an dieser Stelle ihnen nochmals zu danken.

Bielefeld, Dezember 1912.

Karl Germann.

Inhalt.

Seite

Einleitung 1

Erster Hauptteil: **Die geschichtliche Entwicklung der Plüsch- und Moquette-Industrie** 3

Erster Abschnitt: Ursprung der Wörter „Plüsch" und „Moquette". Gleichbedeutende Ausdrücke 3

Zweiter Abschnitt: Die älteste Geschichte der Plüsch- und Moquette-Industrie 5

Dritter Abschnitt: Die Plüsch- und Moquette-Industrie in Tournai 7

Vierter Abschnitt: Die Begründung der Plüsch- und Moquette-Industrie in Deutschland durch Niederländer und Hugenotten 14

Einleitung 14

1. Periode: Hamburg und Gera 17

2. Periode: Brandenburg 21

Gründungen in Süddeutschland 26

Die Standorte der Industrie um 1800 27

Fünfter Abschnitt: Die Entwicklung der deutschen Plüschindustrie im 19. Jahrhundert 28

Die Entstehung der Plüschindustrie in Elberfeld, Bielefeld, Chemnitz und in der Rhön 29

Der Übergang zur mechanischen Weberei 33

Zweiter Hauptteil: **Die deutsche Möbelplüsch- und Moquette-Industrie in der Gegenwart** 36

Erster Abschnitt: Die Standorte 36

Zweiter Abschnitt: Der Bezug des Rohmaterials 37

Dritter Abschnitt: Die Produktion 39

Vorarbeiten und Mustern 39

Das Weben 40

Der Handplüsch 40

Mechanischer Rutenplüsch 41

Doppelplüsch 42

Moquette 44

Druckmoquette 44

Appretur und Färbung 45

Das Pressen 46

Seite

Vierter Abschnitt: Die Gliederung der Industrie und ihre Mittelpunkte 49
Die Decken- und Portièrenkonfektion in Chemnitz 50
Statistik 53
Die Lage der Plüschhandweberei 55
Fünfter Abschnitt: Arbeiter- und Lohnverhältnisse 56
Sechster Abschnitt: Organisation des Absatzes 60
Einleitung 60
Die Formen des Absatzes 62
Der Möbelstoffhandel 65
a) Der Großhandel 65
b) Der Detailhandel 67
Der Absatz nach dem Auslande 69
Siebenter Abschnitt: Die gegenwärtige Lage der Industrie 70
Schlußbetrachtungen 78
Literatur 80

Einleitung.

Der Plüsch ist seiner Technik nach ein Florgewebe. Im Gegensatze zu der größeren Gruppe der glatten Gewebe, die ein durch rechtwinklige Verkreuzung zweier Fadensysteme, der Kett- und Schußfäden, entstandenes Geflecht darstellen, haben die Florgewebe die Eigentümlichkeit einer Haardecke, die durch einzelne aus dem Grunde hervorragende Fadenstummel oder Büschel gebildet wird.

Der Flor, auch die Flur oder der Pol (von poil = Haar) genannt, wird auf zweifache Weise hergestellt, entweder aus den Schuß- oder den Kettfäden. Die erstere Art liegt der Fabrikation des Manchesters oder unechten Samtes zugrunde, bei dem lang flottierend gewebte Schußfäden außerhalb des Webstuhls aufgeschnitten werden, weshalb er auch Schußsamt heißt. Bei weitem üblicher ist die Bildung des Flors durch eine besondere Kette. Sie erfolgt durch Einlegen und Festweben von dünnen Metallstäbchen, Ruten. Die so erzeugten Schleifen werden aufgeschnitten. Die Einführung des mechanischen Webstuhls in die Plüschfabrikation hat noch eine andere Methode geschaffen: es werden zwei Gewebe übereinander hergestellt, die durch eine Polkette verbunden sind und während des Webens durch ein Messer getrennt werden, so daß beide Stücke Flornoppen tragen.

Zur Familie der Florgewebe gehören auch Samte und Teppiche. Durch schwereres Material und Verwendung unterscheidet sich der Teppich leicht von Plüsch und Samt. Zwischen diesen beiden Geweben besteht dagegen große Ähnlichkeit. Sie sind als Nachahmung des Tierfelles aufzufassen und sollen ursprünglich der menschlichen Kleidung ein mehr winterliches Aussehen geben. Daneben sichern auch Glanz und Schönheit ihrer satten Farben und eine von keinem andern Gewebe erreichte Haltbarkeit ihnen eine bevorzugte Stellung. Der Samt, als der vornehmere Bruder des Plüsches, ist mit wenigen Ausnahmen ein Bekleidungsstoff geblieben, während der Plüsch infolge seiner Wohlfeilheit sich ein größeres Verwendungsgebiet erobert hat. Das Unterscheidungsmerkmal zwischen Plüsch und Samt ist die Höhe des Flors. Ist dieser $^1/_3$ bis 1 mm hoch, so spricht man von Samt, bei längerem Flor von Plüsch, bei ganz langem von Felbel. Das Flormaterial des Kettsamtes ist Seide, niemals Wolle. Plüsch wird aus den verschiedensten Rohmaterialien hergestellt.

Danach kann man unterscheiden: Seidenplüsche, Mohärplüsche, Woll- oder Weftplüsche, Baumwoll-, Leinen- und Juteplüsche.

Ihrer Verwendung nach teilt man sie ein in:

1. Möbelplüsche,
2. Dekorationsplüsche,
3. Konfektionsplüsche (für Mäntel, Mützen, Zylinderhüte, Schuhe, Spielwaren),
4. Technische Plüsche (Bürstenplüsche für Walzen),
5. Fellimitationen (Krimmer-, Astrachan-, Persianer-, Biber-, Otter-, Lammfell-, Feh-Plüsche).

Diese Abhandlung soll im wesentlichen auf die Möbelplüsch-Industrie beschränkt bleiben. Es ist daher nötig, die verschiedenen Arten der zum Bezug von Möbeln benutzten Plüsche kurz zu betrachten.

Die Möbelplüsche umfassen zwei durch Rohmaterial und Herstellungsweise unterschiedene Gruppen, die eigentlichen Plüsche und die Moquette. Bei Möbelplüschen ist das Polmaterial Mohär, ein aus dem Haar der Angoraziege gesponnenes Garn. Sie werden roh gewebt und im Stück gefärbt, sind also einfarbige Stoffe. Sie können sein

1. glatt (uni),
2. gemustert (Jacquard-, façonnierte Plüsche).

Plüsche, deren Noppen teils geschnitten, teils ungeschnitten gearbeitet werden, um neue Mustereffekte zu erzielen, heißen

3. Friséplüsche.

Eine Musterung kann endlich auch durch Niederlegen des Flors erfolgen:

4. gepreßte Plüsche.

Die Moquette haben als Polmaterial englische Wolle, Weft oder Cheviot, nach Kammgarnart gesponnen. Die Garne werden bereits im Strang gefärbt und in verschiedenen Farben verwebt. Die Moquette sind daher bunte Plüsche und aus dem Tournai-Teppich entwickelt, nur durch feineres Material und leichtere Webart für ihren besonderen Zweck zubereitet. Der Name „Moquette“ bezieht sich nur auf bunte Gewebe, der einfarbige Moquette wird allgemein als Weftplüsch bezeichnet. Eine Musterung der Moquette ist auf dreifache Weise möglich:

1. bei kleinen Mustern durch die Schaftmaschine: Schaftmoquette;
2. bei größeren Mustern durch die Jacquardmaschine: Jacquardmoquette;
3. mit Zug- und Schnittruten: Frisémoquette;
4. durch Bedrucken der Kette vor dem Weben: Druckmoquette.

Zu den Möbelplüschen werden gewöhnlich auch die Dekorationsplüsche gerechnet. Für Tisch- und Divandecken benutzt man sowohl Plüsch- als Moquettegewebe. Für Portieren kommen besonders Leinen- und Baumwollplüsche in Betracht, letztere unter dem Namen Velvets.

Erster Hauptteil.

Die geschichtliche Entwicklung der Plüsch- und Moquette-Industrie.

Erster Abschnitt.

Ursprung der Wörter „Plüsch" und „Moquette". Gleichbedeutende Ausdrücke.

Die älteste Bezeichnung für alle plüschartigen Gewebe ist „draps velus". Als Hauptwort kommt die Form „velours" vor, seltener veluel, velvet, veluyan. Michel[1], dem wir die umfassendsten Untersuchungen über die Textilgewebe des Mittelalters verdanken, leitet velours ab von velu, lateinisch villosus = zottig, haarig, rauh, und ours = Bär. Es bezeichnet nach ihm eine Art Teppich für Fußboden und Möbelbezug, aus Wolle und Leinen. Es ist also nicht identisch mit dem eigentlichen Seidensamt. Michel kommt zu keiner Klarheit über den Unterschied der Wörter velours und samit und widmet dieser Frage, die auch von anderen Forschern bereits untersucht ist, eine lange kritische Abhandlung. Er führt zahlreiche Stellen an, in denen velours und samit unmöglich synonym sein können. Das Wort samit verschwindet 1540 endgültig aus dem französischen Sprachschatze. Im 12. und 13. Jahrhundert ist velours ein Wollstoff, erst im 14. Jahrhundert nimmt es die Bedeutung „Samt" an, die es noch jetzt hat. Michel läßt unter den Hunderten von Webstoffen, die er untersucht, den Plüsch gänzlich außer acht. Da er die technische Seite überhaupt nicht berücksichtigt, so mußte ihm der Zusammenhang zwischen velours und Plüsch entgehen.

Der eigentliche Samt, ein Seidengewebe, kam wegen seiner Kostbarkeit nur als Kleidungsstoff für Fürsten, den reichen Adel, die Kirche und auch als Möbelbezug in Palästen in Betracht. Die Bearbeitung minderwertiger Materialien, Wolle und Leinen, in der Technik des Samtes ist jedenfalls schon frühzeitig üblich, und die Vermutung liegt nahe, daß vielfach, wenn von Samt die Rede ist, wenigstens in den ersten Jahrhunderten seiner Einführung in Europa, es sich um sein Surrogat, den Plüsch, handelt.

---

[1] Francisque Michel, Recherches sur le commerce, la fabrication et l'usage des étoffes de soie, d'or et d'argent. Bd. I, S. 165ff.

Neben dem Ausdruck draps velus oder velus, den meistens die Zunftverordnungen anwenden, ist die gebräuchlichste Bezeichnung für Plüsch, die dann in der Folgezeit bis in das 19. Jahrhundert auch in Deutschland überwiegt, tripe, trippe, holländisch tryp, italienisch trippa. Michel[1] leitet das Wort von dem Namen der syrischen Stadt Tripolis ab, Savary[2] von dem spanischen Terciopelo, das Samt bedeutet. Ich halte das Wort tripe für einen Vulgärausdruck, entstanden infolge der Ähnlichkeit der rauhen, haarigen Oberfläche der Plüsches mit dem Vormagen der Wiederkäuer.[3] Um einen Doppelsinn zu vermeiden, gebrauchte man auch die Form „tripe de velours". In Tournai, auf das sich diese Untersuchungen vor allem erstrecken, wurde der Name tripe unterschiedslos zugleich mit velu gebraucht.[4] Soil begegnet dem Ausdruck tripe erst 1515, während Godefroy[5] schon Belege aus dem Jahre 1275, ebenfalls Tournai betreffend, bringt.

Das jetzt gebräuchliche Wort „Plüsch" kommt verhältnismäßig spät auf. Abgeleitet aus dem lateinischen pilosus[6], dem französischen pelu = haarig kommt es zuerst um 1611[7] in den Formen peluche und espluche vor. Wahrscheinlich bedeutet das Wort anfangs Seidenplüsch, also Samt mit längerem Flor. Michel[8] zitiert aus dem Jahre 1424 „velours haut", d. h. hochfloriger Samt. Savary[9] erwähnt peluche in Verbindung mit der Seidenindustrie von Paris 1667. Die erste Erwähnung von Wollplüsch in der Form „pluce" bringt Soil[10] aus dem Jahre 1688.

Der Ursprung des Wortes „Moquette" ist dunkel. Die altfranzösischen und altitalienischen Lexika geben keinen Aufschluß. Die Formen mocade, moucade im Französischen, mocado und mockadoo im Englischen überwiegen bis zum Beginn des 19. Jahrhunderts. Körting[11] leitet es von Mocca ab. Am wahrscheinlichsten dürfte Michels Deutung sein.[12] Nach ihm ist moucade entstanden aus camocas oder camoucas, einem reichen Luxusstoffe für Kirchenmöbel und Altarschmuck. Michels Zitat[13] „chamellos, camoukas und samys" spricht um so mehr für diese Annahme, als neben Samt auch Camelot

---

[1] Michel, a. a. O., Bd. II, S. 250 u. 176: camelot de Tripe.

[2] Savary, Dictionnaire Universel de Commerce. S. 1825.

[3] Littré, Dictionnaire de la Langue Francaise. Art. tripe. Es bedeutet 1. Eingeweide, 2. Gekröse, 3. Art Samtstoff, „ainsi dite à cause de sa ressemblance avec l'intérieur de la panse des ruminants".

[4] Soil, Eugène, Les tapisseries de Tournai, Les tapissiers et les hautelisseurs de cette ville. S. 184: pièces de velus, nommées trippes und pièces de trippes, appelées velus.

[5] Godefroy, Dictionnaire de l'ancienne langue francaise. Art. triperie, Zitat aus Archiv von Tournai: livre des bans et ordonnances v. J. 1275, S. 18.

[6] Grimm, Deutsches Wörterbuch, Art. Plüsch.

[7] Cotgrave, Dictionnary of the French and English tongues.

[8] Michel, a. a. O., Bd. II, S. 208.

[9] Savary, a. a. O., Art. peluche.

[10] Soil, a. a. O., S. 194.

[11] Körting, Etymolog. Wörterb., Art. Mocade.

[12] Michel, a. a. O., Bd. II, 174: „une couverture pour le siège le roy qui est de camocas" . . . „un dossier de camocas blanc".

[13] Derselbe, Bd. II, S. 43.

ein langhaariger, plüschartiger Stoff war. Die Form „Moquette" stammt offenbar aus dem italienischen Worte „mocchetto", das bereits aus 1438 zitiert wird.[1] Dies ist zugleich die erste Erwähnung von Moquette. In Antwerpen wird 1532 als Meisterstück Moquette vorgeschrieben.[2] Ist der Name Moquette in Antwerpen infolge der Handelsbeziehungen dieses Weltmarktes zu Italien schon sehr früh bekannt, so erscheint er in Flandern, dem Hauptsitze der Industrie, erst um 1680. Hier finden wir zunächst die Bezeichnung „tapisserie sarrasinoise oder allemarche", in Hamburg um 1600 „Plattwerk" für Moquettegewebe in Gebrauch.

In Verbindung miteinander treten die beiden Wörter „pluce und moucade" zum ersten Male 1688 in Tournai auf.[3]

Zweiter Abschnitt.

Die älteste Geschichte der Plüsch- und Moquette-Industrie.

Zwischen Plüsch und Samt, Moquette und Teppich bestehen, wie schon erwähnt worden ist, infolge gleicher Technik nahe Beziehungen. Der Plüsch ist durch Verwendung von billigerem Rohmaterial aus dem Samte[4], der Moquette durch leichtere Verarbeitung aus dem Teppich hervorgegangen. Ursprung und Geschichte beider Gewebe müssen daher mit derjenigen von Samt und Teppich zusammenfallen. An Stätten der Samtindustrie ist auch oft Plüsch gemacht worden. Doch ist die gemeinschaftliche technische Grundlage weniger für die Standorte der Plüschweberei maßgebend gewesen, als das verwendete Rohmaterial; daher sind Plüsch und Teppich mehr vergesellschaftlicht. Sie zweigen sich von der Samtindustrie ab, die immer ein Glied der Seidenfabrikation gewesen ist und nur den zu Konfektionszwecken dienenden Seidenplüsch ausgebildet hat.

Die Geschichte der Samtindustrie ist stets im Zusammenhang mit der Seide behandelt worden.[5] Als die Heimat des Samtes (sciamito) gilt Syrien. Die chinesische Seidenindustrie wird im 7. Jahrhundert nach Persien und Syrien verpflanzt und breitet sich über Kleinasien aus. Die Araber kamen durch Unterwerfung des persi-

---

[1] Thomaseo u. Bellini, Dizionario della Lingua Italiana, Art. Mocchetto, Zitat: „Drappo di lana velloso e lanuginoso, incrocicchiato e cimato come i velluti e si adoperava undè nella fabbrica dé piccoli tappeti da piedi chiamato pure Mocchetta." (Wollenes Tuch, haarig und wollig, gekreuzt und geschoren, wie Samt, und wurde ehemals in der Fabrikation von kleinen Fußteppichen verwandt, das man auch Mocchetta nannte.)

[2] Clém. van Cauwenberghs, L'industrie de la soie à Anvers depuis 1532. S. 106.

[3] Soil, S. 194.

[4] Krünitz, Ökon. technol. Encyklopädie, Bd. 113, Art. Plüsch: Im Mittelalter heißt Plüsch auch Bettler- oder Bubensamt.

[5] Silbermann, Die Seide, ihre Geschichte, Gewinnung und Verarbeitung. S. 49ff. u. S. 68.

schen Reiches in den Besitz seiner Webereien und haben besonders die Fabrikation des Samtes zu höchster Vollendung gebracht. Er wurde ihre Spezialität. Zur Zeit der Kreuzzüge sind Konstantinopel, Beirut, Tyrus, Bagdad und vor allem Alexandria die Hauptsitze der arabischen Samtweberei. Von Byzanz aus dringt sie nach Griechenland und nach Palermo auf Sizilien. In Italien wird Lucca im 10. Jahrhundert der bedeutendste Platz für Samtweberei. Die durch politische Unruhen zur Auswanderung veranlaßten Lucchesen haben diese Industrie auch in Venedig, Florenz und Genua eingebürgert, auch auf die in Frankreich und Flandern schon bestehende Seidenweberei haben sie befruchtend eingewirkt und zu ihrer technischen Vervollkommnung beigetragen.

Ob die norditalienische Samtindustrie Plüsche fabriziert hat, und welcher Einfluß ihr auf die Ausbreitung der Plüschweberei beizumessen ist, diese Fragen sind vom Verfasser nicht untersucht worden. D'Ajano[1] bringt über Venedig keine Belege. Doch ist es wahrscheinlich, daß den Italienern die Herstellung des Plüsches bekannt war. Plüsch heißt im Altitalienischen peluzzo, im Altflorentinischen pelpa; auf die erste Erwähnung des Wortes Moquette in der italienischen Literatur wiesen wir bereits oben hin.

Auch der Teppich ist eine orientalische Erfindung. Sowohl für Fußboden, wie für Wandbekleidung und Möbelbezug ist er in Kleinasien schon frühzeitig im Gebrauch. Syrien, Cypern, Alexandria sind seine Haupterzeugungsstätten. Nicht nur die reichen Luxusstoffe, wie Damast, Atlas, Brokat, sondern auch die der Wohnungsdekoration dienenden Gewebe verdankt Europa dem Orient. Durch die Araber und infolge der Berührung mit dem Orient im Zeitalter der Kreuzzüge werden sie in allen Kulturgebieten Westeuropas bekannt. Als tapis d'outremer oder de Roumanie[2] ist der Teppich einer der wichtigsten Handelsgegenstände der Araber und nachmals der Italiener. Die Bezeichnung „tapis velus", Plüschteppich, deutet auf die Ausbildung moquetteartiger Gewebe hin. Um 1000 n. Chr. faßt die Teppichindustrie in Europa Fuß; Italien bemächtigt sich ihrer. Die älteste und bedeutendste Stätte findet sie jedoch in Flandern, nach Ansicht von Drival[3] und Wauters[4] durch die Handelsbeziehungen Flanderns mit dem Orient direkt aus Syrien nach dort verpflanzt. Flandern hat in Technik und Ornamentik den Teppich dem Oriente nachgebildet, aber, nach Michel[5], auf eine weit höhere Stufe der Vollkommenheit und Schönheit gebracht.

In der Teppichindustrie Flanderns und Nordfrankreichs hat die Plüsch- und Moquette-Weberei ihre Wurzeln. Flandrische und brabantische Weber, durch die Religionskriege aus

---

[1] D'Ajano, Die venetianische Seidenindustrie und ihre Organisation. S. 18.

[2] Michel, Bd. II, S. 148: „Item 2 tapis velus d'outremer presié" und „Item un tapis velu de Roumanie".

[3] E. van Drival, Les tapisseries d'Arras, S. 37.

[4] Wauters, Tapisseries Bruxelloises, S. 27.

[5] Michel, Bd. II, S. 438.

ihrer Heimat vertrieben, sind es gewesen, die sie in dem übrigen Europa heimisch gemacht haben. Eine Betrachtung der flandrischen Industrie ist daher nötig.

Dritter Abschnitt.

Die Plüsch- und Moquette-Industrie in Tournai.

Arras ist der älteste Sitz der Teppichindustrie in Europa; im 11. Jahrhundert ist sie schon nachweisbar.[1] Als „draps d'Arest" waren seine Erzeugnisse im ganzen Mittelalter bekannt. Die glänzendste Epoche erlebte Arras im 14. und 15. Jahrhundert unter dem Hause Burgund, wo es Europas Hauptlieferant in Teppichen war.[2] Nach der Belagerung und Einnahme durch Ludwig den Elften 1477 geriet Arras in Verfall, und Tournai wurde seine Nachfolgerin.

Die Geschichte der Teppichindustrie von Tournai ist bereits von Guiffrey, Müntz und Pinchart behandelt worden. Die neuesten Untersuchungen stammen von Eugène Soil[3] und sind auf sorgfältiges Aktenstudium gegründet. Soils Verdienst ist es, im Gegensatze zu seinen Vorgängern, die nur die Teppichweberei berücksichtigen, die Existenz einer Industrie nachgewiesen zu haben, die ursprünglich mit der Teppichweberei verbunden war, sich dann von ihr loslöste und selbständig geworden, jene allmählich weit an Bedeutung überragte: die Fabrikation von Möbelstoffen, unter denen Plüsch und Moquette den ersten Rang einnehmen.

Soil will in erster Linie berühmte historische Teppiche für die Industrie von Tournai reklamieren; er begnügt sich daher mit der Feststellung obiger Tatsachen, auf die er auch sehr großen Wert legt. Er zieht aber, da seine Untersuchungen in einer andern Richtung liegen, nicht die Folgerungen, die sich für die vorliegende Arbeit daraus ergeben. Das von Soil veröffentlichte Material liefert für die Geschichte der Plüsch- und Moquette-Industrie die Bausteine.[4]

Tournai war damals eine französische Enklave, mitten zwischen Flandern und Hennegau gelegen, der Sitz eines vlämischen Bischofs und mit einem starken Einschlag vlämischer Bevölkerung. Es erfreute sich völliger Selbständigkeit und Unabhängigkeit, wie die freien Reichsstädte seiner Umgebung. Die Wollindustrie ist schon vor Einführung der Teppichfabrikation in Blüte gewesen. Die ersten Nachrichten über diese stammen nach Soil aus dem Jahre 1295.[5] Die Teppichweber hießen tapissiers, ihre Erzeugnisse tapisseries oder tapis, in jener Zeit noch unterschiedslos gebraucht. Die tapissiers

---

[1] Drival, S. 34. [2] S. 88 u. 168.

[3] Eugène Soil, Les tapisseries de Tournai, les tapissiers et les hautelisseurs de cette ville.

[4] Soil stellt die Beziehungen zwischen draps velus und Plüsch, selbst diejenigen zwischen moucade und Moquette nicht fest.

[5] Soil, S. 3.

sind von 1350 ab zünftig organisiert. Ihrer Zunft gehören außerdem noch andere Gruppen an, die zwar die gleichen Webstühle und Rohmaterialien benutzen, aber doch Waren von ganz anderem Charakter erzeugen. Die tapissiers als stärkste Abteilung geben dem Banner, unter welchem die Zunft marschiert, den Namen. Die anderen Gruppen sind, da noch zu klein, im bezug auf ihre Wehr- und Steuerpflichten dem Banner der tapissiers zugeordnet.[1] Die Zunftverordnungen, von denen noch zu sprechen ist, sind für alle diese Gruppen während der ersten Periode gemeinschaftlich. Die tapissiers fabrizierten Wand- und Fußteppiche in künstlerischer Weise (tapisserie à muraille et de pied, und zwar à image und à personnage, dem alten und neuen Testament und der Mythologie entlehnt, mit landschaftlichen Motiven „verdure" genannt). Unter ihnen sind Künstler ersten Ranges mit Weltruf.[2] Fürsten, die Kirche, öffentliche Gebäude sind ihre Abnehmer.

Die anderen Gruppen erzeugen Waren ohne künstlerischen Wert, Gebrauchsstoffe für die Wohnungsdekoration, nicht individuell, sondern als Massenartikel für den großen Markt berechnet. Am zahlreichsten sind die hautelisseurs unter ihnen vertreten, welche Teppiche à hautelisse, d. h. mit senkrecht gebäumter Kette weben. Um 1352 werden sie zuerst unter der Bezeichnung „hautelisseur, hautelicheur, ouvrier de haultlisse" erwähnt.[3] Vor dieser Zeit bezieht sich der Begriff „tapissiers" auch auf sie, da diese außer den Kunstteppichen in der frühesten Epoche zugleich einfache Gebrauchsteppiche herstellten. Mit der größeren Nachfrage nach letzteren bildet sich der Beruf der hautelisseurs aus.

Bereits um 1311 wird die Gruppe der tapissiers „sarrasinois" genannt, häufiger noch „marcheteurs", auch „ouvriers à le marche, allemarche", bezeichnet.[4] Soil ist der Meinung, daß die Arbeiten der marcheteurs tapisseries de basse-lisse, d. h. horizontal gewebte Teppiche sind. Auch Wauters[5] vertritt die Ansicht, daß der tapis sarrasinois ein Basselisse-Teppich ist. Der Ausdruck „basse-lisse" wird erst im 17. Jahrhundert üblich. Wir haben unter den marcheteurs Moquetteweber zu verstehen, was auch Soil ausspricht.[6]

Als dritte Art treten die Plüschweber auf unter der Bezeichnung „ouvriers de velus, ouvriers de draps velus, tisserants oder faiseurs de velus".[7]

Ihnen schließen sich noch die „bourgeteurs" und die „broqueteurs, ouvriers à le broque" an.[8]

In der zweiten Hälfte des 15. Jahrhunderts vollzieht sich die Trennung der tapissiers von den anderen Gruppen. Zwei selbständige Zünfte stehen sich nunmehr einander gegenüber, deren Arbeitsgebiet scharf abgegrenzt ist. Die Herstellung von künstle-

[1] Soil, S. 96ff.
[2] Derselbe, S. 28: Der berühmteste ist Pasquier Grenier.
[3] Derselbe, S. 11. [4] S. 109.
[5] Wauters, a. a. O., S. 9.
[6] Soil, S. 109. [7] S. 111. [8] S. 112.

rischen Teppichen bleibt den tapissiers vorbehalten, diejenige der Möbelstoffe der anderen Gruppe,[1] die sich zu einer eigenen Zunft vereinigt unter dem gemeinschaftlichen Namen der hautelisseurs, der von jetzt ab auf alle verwandten Branchen sich bezieht. Die Verordnungen für beide Zünfte sind nunmehr getrennt. Die Teppich- und Möbelstoffweberei hat im 15. Jahrhundert in Tournai einen solchen Umfang angenommen, daß diese Trennung eine Notwendigkeit war.

Um 1400 umfaßt die noch vereinigte Zunft 120 Meister[2], in der zweiten Hälfte des 15. Jahrhunderts beinahe das Doppelte, darunter 90 hautelisseurs, 50 marcheteurs, 12 bourgeteurs, 70 tapissiers.[3] Die Blütezeit der Möbelstoffweberei ist von 1500—1650. Innerhalb 30 Jahren, von 1513—1544, werden 500 Meister in die Zunft aufgenommen.[4] Um 1554 ist ihre Zahl auf 800 angewachsen[5], und die Zunft der hautelisseurs die mächtigste und reichste in Tournai. 1534 hat die Menge der fabrizierten Waren so zugenommen, daß die Halle, in der sie abgestempelt wurden, einen Tag länger in der Woche geöffnet sein mußte.[6]

Auch in der künstlerischen Teppicherzeugung in Tournai ist der Höhepunkt um 1500 erreicht, wird aber 1550 überschritten, weil Brüssel und Lille es zu überflügeln beginnen. Die tapissiers kehren zur Fabrikation der Massenartikel der hautelisseurs zurück, deren Zahl sie verstärken. Seit 1570 wird ihre Zunft nicht mehr erwähnt, 1720 sind sie völlig aus Tournai verschwunden.[7]

Die Erzeugnisse der hautelisseurs umfassen das ganze Gebiet der Wohnungsdekoration. Sie heißen tentures d'ameublement, Möbelstoffe, und sind als ouvrages ou estoffes de Tournai im Handel. Die mit senkrechter Kette gewebten Waren gehen unter dem Namen „draps de oder en haultliche (hautelisse)". Hierzu gehören neben Wandteppichen vor allem tapis de table (Tischdecken) und tapis de pied (Fußteppiche). Um 1600 entwickelt Tournai eine Spezialität, den tapis velu, der jetzt noch unter dem Namen „Tournai-Wilton-Teppich" neben dem Brüsseler der Hauptvertreter des Plüschteppichs ist.[8] Er hat oft den Zusatz „de Turquie" oder „ouvré à mourisque"[9], ist also im orientalischen Geschmack gehalten.

Auf orientalischen Ursprung deutet auch der Name der zweiten großen Gruppe, der tapisserie sarrasinoise, hin.[10] Die gleichfalls gebräuchliche Bezeichnung „à le marche" wurde bereits als basse-lisse erklärt. Wir haben es mit horizontal gewebten Stoffen zu tun. Aus ihnen ist der Moquette hervorgegangen. Arabische Muster sind nicht unbedingt Voraussetzung für die Charakterisierung als Moquette, anfangs aber gewiß vorwiegend. Dieser horizontal gewebte Moquetteteppich wurde besonders in der Form von kleinen, im Orient schon längst gebräuchlichen Fußteppichen, Decken, Vorlagen verarbeitet. Durch leichtere Webart machte man ihn für die Zwecke

[1] Soil, S. 114/115. [2] S. 28. [3] S. 37. [4] S. 43. [5] S. 53. [6] S. 44. [7] S. 57. [8] S. 70. [9] S. 206. [10] S. 156ff.

der Möbelbekleidung verwendbar.[1] Derartige Waren hießen in Tournai carpitre, carpitielle, carpette, die auch Soil als „genre moquette" erkannt hat[2], ferner draps de siège, sogenannte menus ouvrages, d'œuvre sarrasinoise;[3] coussins (Polsterbezüge), couvertures oder couvertoires de meubles oder de siège (Möbel- und Divandecken), bancquiers (Bezüge für Polsterbänke), couvre-lits (Bettdecken), couvertures de bancs et de bahuts (Bank- und Truhendecken) und schließlich Portieren. Der Name „moucade" bürgert sich, wie schon erwähnt, in Tournai sehr spät, um 1680, ein.[4]

Die dritte Gruppe, die am meisten genannt wird, sind die draps velus, Plüsche.[5] Anfang des 16. Jahrhunderts heißen die draps velus auch tripes, trippes, ihre Weber trippiers de velours.[6] u. [7]. Diese Stoffe sind ganz besonders zu Möbelbezügen (housses de meubles) verarbeitet worden, sowohl gemustert, als uni.[8]

Nicht moquette- und plüschartig sind endlich die Erzeugnisse der bourgeteurs und broqueteurs.[9] Die letzteren fabrizierten die noch jetzt bekannten Brokatstoffe für Möbelbezug. Die ersteren dagegen bourgeteries, bourgettes, draps de bourge, auch caffats de bois genannt.[10] Die Fabrikation von caffats tritt auch später, so in Antwerpen und Hamburg, zusammen mit der Trippindustrie auf. Man möchte geneigt sein, sie für Plüsche anzusehen, zumal unter Caffa um 1800 in Deutschland ein gemusterter Plüsch verstanden wird. Ich halte ihn jedoch, mich auf Soil stützend[11], für einen reichen Möbelbezugsstoff ohne Flor.[12]

Man sieht, das ganze Gebiet der Möbelstoffweberei ist in Tournai ausgebildet gewesen. Ihre Produktion erstreckte sich auf dem verfeinerten Luxusbedürfnis dienende Stoffe und fand in der damals aufkommenden Mode, die Sitze und Stühle polstern und überziehen zu lassen, ihre Nahrung. Die Rückkehr der tapissiers zu den Arbeiten der hautelisseurs mit dem Verschwinden des Kunstteppichs aus Tournai um 1600 hat die Möbelstoffweberei auf eine noch höhere künstlerische Stufe gehoben. Aus den Ateliers von Tournai gingen Wandteppiche in Serien von 5 bis 6 Stück hervor, eine biblische oder

---

[1] Soil, S. 82: „Das Wort tapis bedeutet nicht nur Teppich „pour pieds", sondern auch Teppichstoffe für Bezug von Stühlen und Möbeln."

[2] Derselbe, S. 206. [3] S. 156, 163, 256.

[4] Soils Zitat (S. 224): „ung couvretoire en haulteliche sous œuvre de camocas" vom Jahre 1363 ist ein weiterer Beleg für die Ableitung des Wortes mocade von camocas.

[5] Soil, S. 160 u. a.

[6] Soil (S. 163) führt 2 Belege von 1515 und 1537 an, während

[7] Godefroy, a. a. O., Art. tripe, bereits aus dem Jahre 1275 tripe in Tournai erwähnt (Livre des bans et ordonnances, S. 18).

[8] Soil, S. 184: trippes de lin figurés et non figurés.

[9] Derselbe, S. 165.

[10] Derselbe, S. 165: caffats de bois, alias bourgettes.

[11] Derselbe, S. 165: Ces ouvrages étaient à dessin, parfois mêlés de soie, d'or et argent. Ferner S. 187.

[12] Auch Godefroy, Art. Caffa: cafard, kaffart, caffa, mit Seide und Blumen verzierter Stoff, ähnlich dem Damast.

mythologische Geschichte in ebenso vielen Bildern darstellend und von entsprechenden Stoffen für die Ausstattung der Betten, Möbeln und Sitze begleitet. Derartige Garnituren hießen „une chambre de tapisserie".[1] Die Stoffe wurden auch häufig mit Malerei versehen (draps peints).

Zahlreiche Hilfskräfte, wie Sticker und Musterzeichner, vervollständigen das Bild einer in sich abgeschlossenen Industrie von eigenartigem Charakter, die auf dem Boden von Tournai erwachsen ist und hier ihre erste bedeutende Stätte in Europa gefunden hat.

Tournai ist daher auch der Ausgangspunkt der Plüsch- und Moquette-, überhaupt der Möbelstoffweberei geworden. Von hier breitet sie sich in Nordflandern, Brabant und Nordfrankreich aus. Um 1400 beginnt die Auswanderung von hautelisseurs nach Avignon, Oudenaard, Middelburg, um 1492 wird die Industrie nach Amiens verpflanzt. Tourcoing, Orchies, Roubaix folgen.[2]

Als Hauptorte der Trippweberei werden außer Tournai noch Lille, Douai und Antwerpen genannt.[3] Auch auf das platte Land, auf Vororte und Dörfer, dehnt sie sich aus.[4]

Um die Ursachen einer solchen gewaltigen Entwicklung zu verstehen, müssen wir einen Blick auf die industrielle Tätigkeit der Niederlande werfen.[5] Bis zum 15. Jahrhundert sind Flandern und Brabant der Mittelpunkt der europäischen Tuchindustrie. Sie ist völlig abhängig von der englischen Wolle. Daher hat ihr die merkantilistische Politik Englands durch den Wollausfuhrzoll den Todesstoß versetzt. Um 1500 ist sie auf allen Märkten von der jugendfrischen englischen Tuchweberei verdrängt. Es ist bekannt, daß die niederländische Regierung die Interessen der einheimischen Einfuhrzölle fordernden Industrie denjenigen der aufsteigenden Handelsmetropole Antwerpen zum Opfer gebracht hat. Die Hauptstadt wurde der erste Stapelplatz der englischen Wolle. Die städtische, in der Zunftverfassung gefesselte Tuchindustrie ist in diesem Kampfe gegen England unterlegen. Nur die Ausbreitung auf das platte Land hat die niederländische Tuchweberei vor dem Untergange bewahrt und ihr den heimischen Markt gerettet. Die Entdeckung Amerikas war für Antwerpens Stellung als Welthandelsplatz von entscheidender Bedeutung und leitete eine neue Ära der Blüte und des Reichtums in den Niederlanden ein. Die arbeitsame Bevölkerung suchte für die verloren gegangene Industrie in der Leinenweberei Ersatz, sowie in der Anfertigung billiger Wollstoffe, z. B. Serge und Köper, für welche die geringwertige spanische Wolle genügte, die nach der politischen Vereinigung der Niederlande mit Spanien nur noch in Betracht kam.

Auch die Teppichindustrie fand unter diesen Verhältnissen gün-

---

[1] Soil, S. 204. [2] S. 21. [3] S. 184.

[4] Derselbe, S. 130: In dem Reglement von Karl V. von 1544 für die Industrie des tapisseries werden als Orte genannt: Louvain, Brüssel, Antwerpen, Brügge, Audenarde, Alost, Enghien, Binche, Ath, Lille und Tournai.

[5] Im Anschluß an Pirenne, Geschichte Belgiens, Bd. III, S. 269ff.

stige Vorbedingungen für ihren Aufschwung.[1] Von Arras und Tournai in Südflandern ausgehend, eroberte sie sich in schnellem Siegeszuge Nordflandern und Brabant und griff auch auf das platte Land über. Die Umgebung von Oudenaard[2] ist der Hauptsitz der ländlichen Teppichweberei gewesen, die hier 12—14000 Menschen beschäftigte. Die Verbindung der Plüsch- und Moquettefabrikation mit derjenigen des Teppichs außerhalb Tournai ist nicht nachweisbar, aber wahrscheinlich. An der Auswanderung aus Tournai waren fast nur die hautelisseurs beteiligt, nicht die tapissiers.[3] Auch ist nicht zu vergessen, daß Soil als erster Material für ein tieferes Eindringen in die unter dem Namen „tapisseries" zusammengefaßten Gewerbe herbeigeschafft hat.

Außer in Lille und Douai wurde die Tripp- und Moquetteweberei in Antwerpen betrieben: von Tournai aus hier ins Leben gerufen hat sie an die dort längst bestehende Seiden- und Samtfabrikation Anschluß gefunden. Moquette-, Tripp- und Caffagewebe wurden neben Samt, Satin, Damast verarbeitet.[4]

Die Teppich- und Plüschindustrie ist in Tournai von Anfang an zünftig organisiert, ihre Fabrikation durch die Obrigkeit streng beaufsichtigt worden. Zahlreiche Zunftverordnungen und Reglements sind vorhanden. Für uns kommen in Betracht die Zunftverordnung von 1380 über die Fabrikation „des draps velus que les tapissiers confectionnaient concurremment avec les tissus historiés"[5], diejenige vom 26. März 1397 über die Fabrikation „de la tapisserie, haultliche et draps velus faits en Tournai" und schließlich vom 19. Juli 1407 über die Fabrikation „des draps velus".

Soil gibt sie auszugsweise wieder. Sie haben den typischen Inhalt der mittelalterlichen Zunftverordnungen im Textilgewerbe: Vorschriften über Rohmaterialien, Fabrikation, Arbeitszeit, Feiertage, Lehrlingswesen, Beaufsichtigung der Waren auf dem Webstuhl durch Inspektoren. Uns interessieren vor allem die Bestimmungen über die Plüsche. Wolle, Leinen, Hanf und Ziegenhaar kennzeichnen die draps velus als Plüsche.[6] Samt ist in Tournai nicht gemacht worden. Die Zahl der Kett- und Schußfäden, sowie der einzulegenden Ruten sind vorgeschrieben. Alle Plüschstücke müssen mit dem Firmenzeichen des Meisters versehen sein; durch eine Bleimarke, die den im Wappen Tournais vorkommenden Turm trägt, werden sie für den Handel frei-

[1] Pirenne, S. 305ff.

[2] Derselbe, S. 306 und Wauters, S. 24.

[3] Soil, S. 218.

[4] van Cauwenbergh's, S. 106ff. Das Meisterstück der Zunft besteht aus (S. 109): une pièce de satin et de soie mesurant 20 aunes, une pièce de velours mesurant 10 aunes, une pièce de moquette mesurant 10 aunes.

[5] Soil, S. 13ff.

[6] Soil, S. 362: § 12. Item que tous les draps velus que on fera à Tournai à trois anssuelles (Kettbäume) soient faits sour fond de lin retors et à vingt portées etc. — § 13. Item que les velus que on fait en vingt-quatre portées soient faites de laine sour lin et à quatre follays (= poil) dont les trois soient de lin et le quart soit de laine etc.

gegeben.[1] Interessant und wichtig zugleich ist, daß die Technik des Samt- und Plüschwebens mit derjenigen des modernen Plüsch-Handwebers bereits übereinstimmt.[2]

Soils Material reicht zur Gewinnung einer klaren Vorstellung über das Wesen der Zunft der hautelisseurs nicht aus. In der ersten Periode, bis 1500, hat das Gewerbe streng handwerksmäßigen Charakter. 1496 wird die Beschränkung eines Meisters auf 4 Webstühle ausgesprochen.[3] Die Weber fabrizieren und verkaufen ihre Erzeugnisse auf eigene Rechnung, allerdings überwiegend an Kaufleute. Pariser Händler erschienen[4] regelmäßig in Tournai zum Einkauf. Durch den gewaltigen Aufschwung, den die Industrie nach 1500 nahm, wurde sie zu einem Exportgewerbe, für das sich der handwerksmäßige Absatz nicht mehr eignete. Damit war ihre Umbildung in eine verlagsmäßige, kapitalistische Industrie nur eine Frage der Zeit. Die Konkurrenz des platten Landes hat die erste Bresche in die alte Zunftverfassung gelegt. In der Umgebung von Oudenaard waren 1539 12—14000 Menschen mit der Teppichweberei beschäftigt, die schon als freie Arbeiter im Dienste Antwerpener Kaufleute standen. Nach Pirenne[5] hat die Teppichindustrie der Städte im 16. Jahrhundert den Rahmen der Zunft weit überschritten. Das trifft für Tournai zu. In den letzten Zunftverordnungen ist die Rede von Mitgliedern, die selbst weben, und von solchen, die weben lassen. Der Übergang zur verlagsmäßigen Industrie ist also durch die Zugehörigkeit von Kaufleuten zur Zunft gekennzeichnet. In Antwerpen sind seit 1532 Verleger und Meister in einer gemeinsamen Zunft organisiert.[6] Da die Städte sich die Lieferung der feineren Qualitäten zu sichern verstanden, so haben sie der Gefahr, proletarisiert zu werden wie die ländlichen Teppichweber, länger widerstanden. Diese Gefahr ist von ihnen schon frühzeitig erkannt worden, und mit allen Mitteln wurde die Unterdrückung der ländlichen Konkurrenz erstrebt. Die Zunftverordnung von 1408 über die Herstellung der haultliche enthält das Verbot des Webens außerhalb der Bannmeile.[7] Später durften die aus der Um-

---

[1] Soil, S. 13.

[2] S. 181: Das von Soil veröffentlichte „Inventaire en 1505 chez Jehan Cappelier hautelisseur" ist in vieler Hinsicht interessant. Alle Werkzeuge des modernen Plüschhandwebers sind bereits vertreten. Besonders hervorzuheben sind die verghes de velus, d. h. Plüschruten (verge = Ruten), und das estricquoit (estrique = Streichmesser), das unschwer als das Dregett zu erkennen ist. — Strahl, Die Samt- und Plüschfabrikation (S. 12) ist über die Florbildung der brabantischen Samtgewebe im Zweifel. Obige Angaben dürften zur Klärung der Frage beitragen. — Den Zunftverordnungen läßt Soil eine Liste aller Zunftmitglieder folgen. Als erster Plüschweber wird aufgeführt Jehan Damyde, faiseur de velus, 1389 (S. 303), als erster Mohärplüschweber Wille dou Castiel, faiseur de velus de poil de vacque (S. 161).

[3] Soil, S. 33. [4] S. 44.

[5] Pirenne, Bd. III, S. 306.

[6] van Cauwenbergh, S. 106: Am 17. Februar 1532 wird die Zunft der Seidefabrikanten und Kaufleute privilegiert: zydewerkers, satynwerkers, caffawerkers und zydelake coopers.

[7] Soil, S. 19.

gebung stammenden Waren in Tournai nicht appretiert werden.[1] Dieser Kampf gipfelte in einem 1560 geschlossenen Bunde von 15 Städten, unter denen Tournai und Arras sich befanden, gegen die hautelisseurs der Dörfer.[2]

Die Religionsunruhen mit der durch sie verursachten Auswanderung zahlreicher Weber haben die Textilindustrie Tournais schon erheblich geschwächt.[3] Im 17. Jahrhundert ist der Verfall des zunftmäßigen Handwerks offensichtlich.[4] In den Listen der Zunft verschwindet immer mehr der Weber, und der marchand tapissier tritt an seine Stelle.[5] Um 1700 gehören nur noch 50 Meister und 20 Lehrlinge der Zunft an.[6] Dagegen ist der Ansatz zur Bildung von großen Manufakturen und Ateliers wahrnehmbar, die bereits außerhalb der Zunft stehen, indem sie sich unter dem Vorwande, neuerfundene Stoffe anzufertigen, von ihr frei zu machen suchen.[7] Die Bemühungen des Magistrats, durch Heranziehung fremder Weber und jährliche Zuschüsse das Gewerbe zu retten, vermochten den Niedergang des handwerksmäßigen Betriebes nicht aufzuhalten, der durch die wachsende Auswanderung der Weber noch beschleunigt wurde.

Eine neue Glanzzeit der Teppich- und Möbelstoffweberei brach für Tournai durch die Gründung einer großen Fabrik an. Von der Regierung mit bedeutenden Mitteln unterstützt, errichtete Piat Lefebvre 1780 eine Teppich- und Moquettefabrik, die wir als die größte ihrer Art in der Vergangenheit betrachten müssen.[8] Sie führte später den Namen „Manufacture impériale, et royale de Tapis de Tournai" und fabrizierte „moucade et tapis veloutés pour pieds et ameublement de chaises et fauteuils". Um 1808 beschäftigte sie 4500 Arbeiter, und ihre Erzeugnisse hatten Weltruf. Unter mannigfaltigen Veränderungen bestand sie bis 1887, wo sie infolge der Konkurrenz von Roubaix zugrunde ging.[9]

Mit dieser Fabrik ragt die vor 600 Jahren gegründete Plüsch- und Moquetteindustrie Tournais bis in unsere Zeit hinein.

Vierter Abschnitt.

Die Begründung der Plüsch- und Moquette-Industrie in Deutschland durch Niederländer und Hugenotten.

Einleitung.

Die durch die Religionskriege während der Gegenreformation zur Auswanderung getriebenen Bevölkerungselemente der Niederlande, Frankreichs und Italiens haben außerordentlich zur Verbreitung

---

[1] Soil, S. 37. [2] S. 54. [3] S. 55. [4] S. 75. [5] S. 222.
[6] S. 74. [7] S. 107. [8] S. 82ff.
[9] Soil (S. 82) behandelt eingehend ihre Geschichte und rühmt besonders die mustergültigen Einrichtungen auf dem Gebiete der Arbeiterfürsorge. Das Stammhaus der Fabrik war das Kloster „des Clairisses".

ihrer Gewerbe in denjenigen Staaten beigetragen, deren wirtschaftliche Entwicklung hinter der älterer Kulturländer zurückgeblieben war. Diese Auswanderung hat wie eine innereuropäische Kolonisation gewirkt (Hintze). Sie stand in ihren Folgen im Gegensatze zu den wirtschaftspolitischen Tendenzen jener Zeit, die man unter dem Begriffe des Merkantilismus zusammenfaßt. War das Flüchten von Tausenden der arbeitsamsten und intelligentesten Bewohner, die sich nicht scheuten, Hab und Gut und Heimat ihren religiösen Anschauungen zu opfern, für die davon betroffenen Staaten ein schwerer volkswirtschaftlicher Verlust, so brachte es den Ländern, in die sich der Strom der Emigranten ergoß, einen unschätzbaren Gewinn durch die Einführung neuer und durch Vervollkommnung schon vorhandener Industriezweige. Indem die Massenauswanderung dem germanischen Norden Europas die Bedürfnisse und Produkte der romanischen Kulturwelt überlieferte, trug sie wesentlich zur Ausgleichung der wirtschaftlichen Unterschiede zwischen beiden Kulturkreisen bei.

Für die merkantilistische Politik der in der Bildung begriffenen großen Einheitsstaaten England und Brandenburg-Preußen war die Ansiedelung der niederländischen und französischen Emigranten ein Erfolg, den sie durch weitgehende materielle Unterstützung und Förderung der neu eingebürgerten Industrien zu erhöhen verstanden haben.

Als gegenreformatorische Ereignisse kommen in Betracht die Übersiedelung der Locarner, die Verfolgung der Waldenser um 1550 und die Herrschaft Albas in den Niederlanden 1567—1573. Den Höhepunkt erreichte diese Bewegung 1685 in der Hugenotten-Vertreibung nach der Aufhebung des Ediktes von Nantes.

Die Seiden- und Samtindustrie, durch Lucchesen schon 1314 in Augsburg, Ulm, Regensburg und Nürnberg vorübergehend eingeführt[1], ist um 1550 durch protestantische Flüchtlinge aus Locarno in Zürich, Basel, Ulm und Nürnberg von neuem ins Leben gerufen worden.[2]

Auch die Möbelstoffabrikation ist aus ihrer Heimat durch niederländische Refugianten in andere Länder übertragen worden. Neben Tournai, das ein Mittelpunkt der calvinistischen Bewegung gewesen ist, stellt Antwerpen das Hauptkontingent der Flüchtenden. Daher finden wir überall, wo sie sich ansiedeln, die für Antwerpen charakteristische Verbindung der Seiden- und Samtindustrie mit der Fabrikation von Möbelstoffen, Tripp, Moquette und Kaffa. Amsterdam, das durch die Verwüstung Antwerpens die Erbschaft als Handelsmetropole übernahm, sowie Utrecht und Haarlem[3] wurden die

[1] Silbermann, S. 92.

[2] O. Hintze, Die Preußische Seidenindustrie im 18. Jahrhundert. (Acta Borussica, Band III) S. 26.

[3] Von einem Fabrikanten erhielt der Verfasser die Mitteilung, daß in Leyden noch jetzt eine Plüschfabrik besteht, die ihren Ursprung im 17. Jahrhundert hat. Vor ihrem Hause befindet sich ein alter Brunnen, der als Sinnbild einen Hirten mit einer Angoraziege, in Stein gemeißelt, zeigt. Die Firma bezog schon um 1700 die Mohärwolle direkt aus Kleinasien in Angoraziegenhäuten verpackt.

Hauptsitze der von Antwerpen aus eingebürgerten Textilindustrie.[1] Die nach England Auswandernden ließen sich besonders in Norwich nieder und wurden die Begründer der später so bedeutenden englischen Plüsch-, Moquette- und Teppichweberei. Als ihre Erzeugnisse, die in England bisher nicht angefertigt wurden, werden angeführt: Flanell, Arrasgewebe, Teppichstoffe, Tapestry, Mockadoos. Die Industrie nahm sofort die verlagsmäßige Form an.[2]

Auch Deutschland verdankt niederländischen und französischen Emigranten die Einführung neuer Industriezweige. In erster Linie ist das Textilgewerbe durch sie bereichert und vervollkommnet worden. Schon im 14. Jahrhundert ist die Tuchindustrie in Hessen, Schlesien und in der Lausitz durch Niederländer begründet worden.[3] Die Refugianten haben überall durch Verbesserungen in der Färberei, Walkerei und Appretur die Weberei in Deutschland auf eine höhere Stufe gebracht. So ist die Verarbeitung von Kammgarn zu Tuchen in Gera auf sie zurückzuführen.[4] In der Literatur wird bei Würdigung der Emigrantenbewegung gewöhnlich eine höhere Technik und die Fabrikation von neuartigen Wollzeugen als ihr Ergebnis hervorgehoben.[5] Unsere Untersuchungen haben ergeben, daß diese Wollzeuge in der Hauptsache Teppiche, Plüsche, Moquette und andere feine Möbelstoffe gewesen sind, deren Herstellung in Deutschland noch unbekannt war. Im Gebrauch[6] und im Handel[7] sind diese Florgewebe, insbesondere der Tripp, bereits gewesen.

Für die Ausbreitung der Plüsch- und Moquetteindustrie in Deutschland sind zwei Perioden zu unterscheiden, die Übersiedlung von Niederländern nach Hamburg und Gera zwischen 1565 und 1600, und die der Hugenotten nach Brandenburg um 1685.

---

[1] Hintze, S. 19.

[2] W. J. Ashley, Englische Wirtschaftsgeschichte. Übers. von Robert Oppenheim, Bd. II, S. 250: 1565 sind es 24 flandrische und 6 wallonische Meister, 1568 schon 1132 bzw. 339. — S. 252: „Sie näherte sich in ihrer gewerblichen Verfassung der damaligen Hausindustrie und beschäftigte nicht nur ihre eigenen Leute, sondern eine große Anzahl Menschen im Umkreise von 20 Meilen."

[3] Hildebrand, Zur Geschichte der deutschen Wollenindustrie. Jahrb. f. Nat., Ök. u. Stat., Bd. VI, v. 1866, S. 227.

[4] Bein, Industrie des Sächsischen Vogtlandes, S. 18.

[5] Silbermann, Hintze, Geering (Handel und Industrie der Stadt Basel), u. a.

[6] Schiller und Lübden, Mittelniederdeutsches Wörterb., Art. Trip, zitiert: (Strals. Kleiderordn. v. 1570, S. 161) „niemandt borgerliches standes soll den Töchtern mitgeben underröcke mit gudem sammet sondern allein mit flessenen edder anderen tripe". S. 163: „die jopen und hullen (der Handwerkstöchter) sollen mit keinem guden sammet sondern flessen tripe besettet sin."

[7] Ferner aus „Hamburg. Rekensb. v. 1630", S. 103: „einer kofft 7 stuck floretten tryp...... kostet ein de ele 2 M. 5 β." — Koppmann, Hambg. Gesch. Bl. v. 1899, S. 207, veröffentlicht das Inventar eines Lübecker Krämers aus dem Jahre 1566: „5 quarter swarten trip"; ferner von 1561: „17 ele tripel und 1 quarter, de ele 8 β Lub. Noch 5 ele myn 1 quarter groff tripele de ele 1 ort."

1. Periode.

Hamburg und Gera.

Das 17. und 18. Jahrhundert waren die Blütezeit der Hamburger Textilindustrie. Während das wirtschaftliche Leben Deutschlands infolge des Dreißigjährigen Krieges auf 100 Jahre hinaus gelähmt war, wurde Hamburg der Sitz einer bedeutenden gewerblichen Tätigkeit. Sie ist begründet durch die Niederlassung von aus Flandern und Brabant flüchtenden Handwerkern, die 1567 nach dem Einzuge des Herzogs Alba und noch mehr 1585 nach der zweiten Eroberung Antwerpens durch Alexander Farnese in Scharen in Hamburg eintrafen und sich dort, sowie in Stade und Altona ansässig machten.[1] Als Calvinisten und Mennoniten bilden sie nach Überwindung mannigfacher Schwierigkeiten, die ihnen in der Betätigung ihres Glaubens gemacht wurden, zuerst in Stade, dann in Hamburg eine niederländisch-wallonische Gemeinde. Sie sind als Träger neuer Gewerbe bald ein wertvoller Bestandteil der Hamburger Bevölkerung geworden und nach Erwerbung des Bürgerrechts allmählich in ihr aufgegangen. Es waren größtenteils Weber, Färber, Scherer, Walker, die die Seiden-, Samt- und Möbelstofffabrikation ins Leben gerufen haben. Außer der Seidenweberei, die bereits in bescheidenem Umfange bestanden haben soll, waren es für Hamburg ganz neue Gewerbe.

Als Erzeugnisse der Niederländer werden Seiden- und Samtstoffe, Tripp und Kaffa, Sayen und Baumseide genannt. Abgesehen von den beiden letzteren[2] sind diese Stoffe die Vertreter der uns bekannten Industrie von Antwerpen und Tournai. Auch Moquette ist in Hamburg angefertigt worden, und zwar von Plattwerkern oder Plattmachern. Seine Vermutung, daß unter Plattwerkern flachkettig, also basse-lisse Webende zu verstehen sind, findet der Verfasser durch weitere Belege bestätigt. Die Teppich- und Gobelinweberei ist in Hamburg gleichfalls durch die Niederländer 1590 eingebürgert worden.[3] Den Plattwerkern wurden von niederländischen Künstlern Gemälde, auf Patronenpapier übertragen, geliefert, nach denen sie Teppiche webten.[4] Auch Koppmann hält die Plattwerker für Basselisse-Teppichweber.[1] Die Beziehungen zwischen Teppich und Moquette

---

[1] Stieda, Hamburgische Gewerbetreibende im Auslande. Zeitschrift d. Vereins f. Hambg. Geschichte, Bd. IX, S. 421.

[2] Saye = Serge; Brüggische Baumseide, Bohmsiede = Baumwoll- oder Woll- und Baumwollzeug.

[3] Rüdiger, Dr. Otto, Hamburgs Handel und Gewerbe im Zeitalter der Reformation. (Aufsatz in den Hambg. Nachrichten von 1891.) Ferner Koppmann, Seidenweber und Samtmacher. Mitteilungen des Vereins f. Hamburger Geschichte, 6. Jahrg. 1884, S. 87ff.

[4] Koppmann, Mitteil. d. Ver. f. Hambg. Gesch., 5. Jahrg., S. 157/59: 1674 hat ein Holländer Kunstmaler für einen Hamburger Plattwerker die Stadt Hamburg auf Patronenpapier abgemalt, damit er darnach weben konnte.

[1] Koppmann, Mitteil. d. Ver. f. Hambg. Gesch., 5. Jahrg., S. 157/59: Die Plattwerker sind Verfertiger von Gobelins de basse-lisse, und die Fabrikate, die basse-lisse = Tapeten, wird man Plattwerk genannt haben. — Ferner Walther,

sind oben dargelegt worden; die Plattwerker sind daher als Teppich- und Moquetteweber anzusehen.

Einen genaueren Einblick in die Erzeugnisse der eingewanderten Niederländer gibt ein von Stieda veröffentlichter Brief, in dem wir auch zum ersten Male dem Namen „Plüsch" auf deutschem Boden begegnen.[1]

Das niederländische Gewerbe in Hamburg ist zünftig organisiert gewesen. 1609 bilden die Trippmacher eine Brüderschaft, der auch die Plattwerker, Kaffa- und Sammetmacher angehören.[2] 1629 kommt es zu einer Abzweigung der Kaffa- und Sammetmacher, die ein selbständiges, vom Senate 1648 bestätigtes Amt bilden.[3] 1605 waren bereits 130 Niederländer in Hamburg;[4] die Namen der ersten Trippmacher sind uns erhalten.[5] Anfangs handelt es sich um eine Mischung von rein handwerksmäßigem und hausindustriellem Betrieb. Die Zunftordnungen erstrecken sich auf die Regelung des Gesellen- und Lehrlingswesens, das Meisterstück, Krankenunterstützung, Versorgung von Witwen und Waisen. Anstatt der Beschränkung der Stuhlzahl diente das Verbot des Unterbietens den Verlegern gegenüber zur Vermeidung der Konkurrenz. Die kaufmännischen Verleger haben nicht zur Zunft gehört.[6] Ein kleiner Teil der Meister arbeitete für eigene Rechnung, die Mehrzahl wurde von Verlegern beschäftigt, die Mitte des 18. Jahrhunderts, auf dem Höhepunkte der Hamburger Industrie, das Gewerbe völlig beherrschten.[7] Damals sind auch die Werkzeuge

---

Verzeichnis von Handwerksämtern Hamburgs. Mitteil. d. Ver. f. Hambg. Gesch., 5. Jahrg., S. 423ff.: Plattwerker sind Tapeten- und Teppichweber.

[1] Stieda, obiger Aufsatz: (Auch Dänemark hat niederländische Weber aus Hamburg an sich gezogen. Ein Mecklenburger Agent in Kopenhagen versucht zwei dieser Weber in einem Empfehlungsbriefe an seine Regierung für Mecklenburg zu gewinnen.) S. 428: Spezifikation was die beeden gebrüdere Johann und Michel Dinsenberg für Arbeit machen können. 1. Kaffa. 2. Halben Kaffa. 3. Einblümichten Kaffa. 4. Sechsdrätigen Sammet. 5. Vierdrätigen Sammet. 6. Bastart Sammit. 7. Dreidrätigen seyden Plüs. 8. Zweidrätigen desgl. 9. Harlemmer Plüs. 10. Cameelhaaren Plüs, einfach und gedoppelt. 11. Gestrichenen Plüs. 12. Damasch. — N. B. Was ihnen sonst von frembder seiden arbeit vorgeleget wird, finden sie sich capabel alles nachzumachen.

[2] Koppmann, obiger Artikel. — Ferner Walther, obiger Art.: Die Triep-, Kaffa-, Sammetmacher und Plattwerker sind vereinigt zu einem Amt, das aus 60 Personen bestand.

[3] Stieda, obiger Art., S. 423. Ferner Rüdiger, obiger Art.

[4] von Hess, Hamburg, topogr., polit. u. histor. beschrieben. Bd. I, S. 222: Die 1618—30 erbaute Kaffamacherreihe ist nach den dort ansässigen Kaffamachern benannt worden. Sie haben den holländischen Brook und die holländische Reihe auf niederländische Art angebaut. . . . Die östliche Ecke des holländischen Brooks hieß das „Triepenküssen", ein Komplex von 3 Häusern, die v. Hess in Verbindung mit den Triepmachern bringt.

[5] Beneke, Mitteil. d. Ver. f. Hambg. Gesch., 6. Jahrg., S. 33. Liste aus Kirchenbüchern: cafawerker, faiseur de caphar: Jan Galamar. tripmaker, tripier: Pierre Pluque, Jacques de Kemexhe, Pieter Stefens, Careel de Porteere, Jan van Kelber, usw. (im ganzen 15 von 1592—1613).

[6] Hintze, S. 59.

[7] Koppmann, obiger Art., bringt Einzelheiten über Altona, und zwar Produktionsmenge und Namen großer Verleger.

Eigentum der meist jüdischen Kaufleute. Sämtliche Erzeugnisse mußten einer Schau und Wardierung unterzogen werden.[1]

Über den Umfang der Plüsch- und Moquetteindustrie sind keine Angaben vorhanden; immerhin scheint sie bedeutend gewesen zu sein. Die Blütezeit des Hamburger Textilgewerbes ist von der Mitte des 18. Jahrhunderts bis zur französischen Revolution. Die Herstellung von Seidentüchern und Samt war damals am bedeutendsten. Die in Hamburg fabrizierten Stoffe fanden in Dänemark, Schweden und Rußland vorzugsweise ihren Absatz, aber auch der deutsche Markt wurde mit ihnen versorgt.

Die wirtschaftspolitischen Maßnahmen Friedrichs des Großen, die Konkurrenz der Berliner und Potsdamer Seiden-, Samt- und Plüschweberei haben die Hamburger Textilindustrie nach 1800 einem schnellen Verfalle entgegengeführt. Um 1730 zählte die Brüderschaft der Plattwerker, Triep-, Kaffa-, Samtmacher 200 Meister, 400 Gesellen und 200 Lehrburschen[2], 1755 183 Meister (18 Altmänner und 30 Witwen), 1811 nur noch 24 Meister (10 Witwen)[3], 1835, bei Neuaufstellung derjenigen Ämter und Brüderschaften in Hamburg, die auf Zunftrechte Anspruch hatten, werden sie nicht mehr genannt.[4]

Eine zweite Heimat fand die älteste deutsche Plüschindustrie in Gera. Auch hier geht die Entstehung auf niederländische Flüchtlinge zurück. Während Hamburgs Stellung als Hafenplatz die Niederländer anzog, war für ihre Niederlassung in Gera die bedeutende Wollerzeugung Sachsens, Thüringens und der reußischen Länder ausschlaggebend. Die Begründung der Geraer Industrie knüpft sich an den Namen von Nicolas de Smit, der um die gewerbliche Entwicklung Geras große Verdienste hat.

Um 1565 trafen die ersten Niederländer in Gera ein. Da ihre Zahl nur gering war, so ist ihre gewerbliche Tätigkeit zunächst unbedeutend gewesen. Unter der Bezeichnung „die Niederländer" sind sie selbständige Kleinhandwerksmeister ohne zünftige Organisation. Erst durch das Erscheinen von Nicolas de Smit im Jahre 1595 nahm das neue Gewerbe einen ungeahnten Aufschwung. Smit stammt aus Tournai, niederländisch Doornik.[5] Zuletzt in Brüssel als Kaufmann und Fabrikant tätig, ist er dort zu Ansehen und Wohlhabenheit gelangt. Durch Einführung des verlagsmäßigen Großbetriebes übernahm er bald die Leitung in der neuen Industrie.

---

[1] Walther, Mitteil. d. Ver. f. Hambg. Gesch., 15. Jahrg., S. 410: Für die Wardierung des Werks der Tripmacher mußten folgende Gebühren an die Kämmerei entrichtet werden: Für 1 Stück Floret 2 β, für 1 Stück Leinen $1^1/_2$ β, zu wardiren von Hamburger gefärbten Tripe; für Loten weißer fremden Tripe $2^1/_2$ β, wenn sie gefärbt sind 5 β, ebenmäßig fremden schwarzen Tripe $2^1/_2$ β usw. (Folgt Verwendung der Einnahmen und Jahresabschluß.)

[2] Koppmann, obiger Art.

[3] Stieda, obiger Art., S. 423.

[4] Westphalen, Hamburgs Verfassung und Verwaltung, Bd. I, S. 372ff.

[5] Philipp Mayer, „Nicolas de Smit, der Begründer der Wollenzeugfabrikation in der Stadt Gera." S. 5.

Über die Entwicklung und Schicksale der von Niederländern begründeten Weberei besitzen wir eine Spezialarbeit von Finkenwirth.[1] Unsere Aufgabe ist es, festzustellen, daß unter den von den Niederländern eingeführten Erzeugnissen sich besonders auch Plüschgewebe befunden haben. In jener Arbeit geschieht das nicht.[2] Finkenwirth und andere[3] heben lediglich hervor, daß die Niederländer in Gera die Verarbeitung von Kammgarn zu Tuchen eingerichtet und neuartige „Wollzeuge" hergestellt haben. Diese Tatsache ist sehr wichtig, denn Geras moderne Tuchindustrie ist auf die Verwendung von Kammgarn zurückzuführen. Aber die Fabrikation von Plüschen ist in den ersten 200 Jahren offenbar von gerade so großer Bedeutung gewesen. Um 1800 ist Gera der erste deutsche Platz für Plüschstoffe. Seine Produktion erstreckte sich auf Kammlotte, Sergen, Drogetts, glatte und geblümte Plüsche, Felbel und Tripp, und es wurde der Ausgangspunkt der modernen Plüschindustrie Mitteldeutschlands[4]. Im Anfange sind Tripp, Damaste, Samte neben anderen Webstoffen hergestellt worden.[5]

Im Anschluß an Philipp Mayer und Finkenwirth seien hier nur einige Details wiedergegeben. Die Ansiedlung der Niederländer in Gera ist durch die tatkräftige Unterstützung der merkantilistischen Politik des Fürsten Heinrich Posthumus ermöglicht worden. Die eingesessene Zunft der Tuchmacher führte einen Jahrzehnte langen Kampf gegen die Niederländer, vor allem gegen Nicolas de Smit, weil man ihnen die Steigerung der Wollpreise und Spinnerlöhne zuschrieb.[6] Auch die Geistlichkeit nahm aus religiösen Gründen an diesem Kampfe teil. Unter dem Schutze des reußischen Fürsten konnte sich jedoch das zunächst unzünftige Gewerbe entwickeln. Durch Smit wurde es bald in die hausindustrielle Form übergeleitet.[7] 1613 schlossen sich die niederländischen Weber zu einer Zunft der „Zeugwirker" zusammen. Sie webten mit Gesellen und Lehrlingen im Lohn für den Verleger. Dieser besorgt den Einkauf des Rohmaterials, die Appretur und das Färben, dagegen wird das Spinnen als Heimarbeit durch Frauen und Kinder von Gera und Umgebung ausgeübt. Nach Smits Tode gewann die Geraer Industrie schnell an Bedeutung. 1681 sind bereits 150 Meister vorhanden, 1700 252 Weber und 7 Verleger.[8] 1734 ist der Höhepunkt mit 18 Kaufleuten und 442 Meistern.[9] Als „Geraer Zeugwaren" genossen ihre Gewebe nicht nur

---

[1] Finkenwirth, Urkundl. Geschichte der Gera-Greizer Wollwarenindustrie von 1572 bis zur Neuzeit.

[2] Finkenwirth, S. 49, wünscht selbst weitere Untersuchungen über die Art der ihm unbekannten Zeugstoffe.

[3] Bein, Industrie des Sächsischen Vogtlandes, S. 18. — Ferner Hahn, Geschichte von Gera, S. 555. — Ferner Bökelmann, Das Aufkommen der Großindustrie im sächsischen Wollgewerbe.

[4] Schumann, Vollst. Staats-, Post- und Zeitungslexikon von Sachsen, 1816, S. 96.

[5] Finkenwirth, S. 49, führt u. a. an: Grobgrün, Dammast, Vierdrat, Macheyer, Tripp.

[6] Mayer, S. 10. [7] S. 16. [8] S. 19. [9] S. 23.

in Deutschland, sondern auch in Italien, Frankreich und England großen Ruf. Der Hauptabsatz fand auf den Messen von Leipzig, Naumburg, Frankfurt und Linz statt. Der kaufmännische Verleger stand durchaus an der Spitze der Industrie.[1] Das Verhältnis zwischen ihm und dem zünftig organisierten Zeugmacher ist nicht immer ungetrübt gewesen. In dem Kampfe um das Recht der Appretur und Färbung, das von den Zünften beansprucht wurde, blieben die Verleger Sieger und wurden 1702 in die Zunft als Mitglieder aufgenommen. Auch von der vorgeschriebenen Schau und Siegelung wußten sie sich zu befreien.[2]

2. Periode.

Brandenburg.

Die Aufnahme der 1685 nach dem Widerruf des Ediktes von Nantes vertriebenen Hugenotten war für die protestantischen Länder ein um so wertvollerer Zuwachs in wirtschaftlicher Hinsicht, als sie dem Ende des 17. Jahrhunderts industriell am vorgeschrittensten Staate entstammten. Frankreichs gewaltiger Aufschwung auf dem Gebiete des Handels und Gewerbes ist durch die Politik Colberts herbeigeführt worden. Die Bevorzugung hochwertiger Waren lag im Wesen des Merkantilismus. Außer der Seiden- und Samtindustrie hat Colbert daher besonders bei seinen Gründungen die Herstellung von künstlerischen Wandteppichen begünstigt. So ist die berühmte Gobelinfabrik sein Werk. Trotzdem wandte er auch der Plüsch- und Moquetteindustrie, die, wie wir wissen, von Tournai aus in Nordfrankreich Fuß gefaßt hatte, seine Aufmerksamkeit zu. In Abbeville, Meaux, La Ferté — sous — Jouarre entstanden durch Ansiedlung flandrischer Weber neue Betriebe.[3] Die Mittelpunkte waren jedoch Lille, Orchie, Aubusson, Elbeouf, Beauvais[4]. An erster Stelle stand aber Amiens, wo auch später unter Ludwig XV. neue Plüschfabriken errichtet wurden. Amiens und Abbeville haben den Hauptanteil an der Auswanderung hugenottischer Weber.[5]

Die Tendenzen des Merkantilismus, die schon 100 Jahre vorher bei der Ansiedlung der Niederländer wirksam waren, beherrschten mit der Bildung monarchischer Staaten völlig die wirtschaftspolitischen Maßnahmen der Regierungen. Die Überlegenheit großer geeinter Wirtschaftsgebiete über die mittelalterlichen Stadtrepubliken, welche bis zum 16. Jahrhundert die Führung in der Warenproduktion hatten, tritt durch die zielbewußte Förderung neuer Industriezweige in Er-

---

[1] Finkenwirth, S. 60.
[2] Mayer, S. 21.
[3] Martin, Germain, La grande industrie sous le règne de Louis XIV., Bd. I, S. 182.
[4] Derselbe, S. 215, 285; Bd. II, S. 119.
[5] Derselbe, Bd. I, S. 205 u. 209.

scheinung. Das 17. und 18. Jahrhundert sind das Zeitalter der vom Staate geschaffenen und privilegierten Manufakturen.

Auch in dem jungen Brandenburg-Preußen hat das gewerbliche Leben durch staatliche Förderung eine gewaltige Bereicherung erfahren. Ein klassisches Beispiel der gewerbepolitischen Bestrebungen und Leistungen ist die Seiden- und Samtindustrie in Brandenburg. Ihre Geschichte ist von Schmoller und Hintze eingehend behandelt worden.[1] Die Hugenotten haben auch die Plüschindustrie nach Brandenburg verpflanzt. Wir finden sie hier mit der ihr technisch verwandten Samtfabrikation vereinigt.

Die Hauptsitze der hugenottischen Gewerbetätigkeit waren Berlin, Potsdam, Frankfurt a. O., Brandenburg, Magdeburg und Halle. Während in Berlin die Herstellung von Seidenstoffen überwog, wurden in den übrigen Städten Tuche und feine Wollzeuge angefertigt. In Halle taucht der erste Moquettefabrikant auf, Gaspar de Clerc, dem 1690 vom Großen Kurfürsten ein Schutzbrief ausgestellt wird[2]. Von Halle aus wandert das Gewerbe nach Magdeburg[3], wo sich schon hugenottische Teppichweber niedergelassen hatten.[4]

Die Samtindustrie ist durch die Hugenotten zunächst in Leipzig, wo sie durch Niederländer 1585 eingebürgert war, zu hoher Blüte gebracht. Leipzig wurde im 18. Jahrhundert ein Hauptsitz dieser Industrie.[5] In der Literatur findet sich keine Erwähnung von Plüsch. Die erste preußische Samtmanufaktur ist von Abraham Peronneaux in Berlin errichtet.[6] Zu voller Entfaltung kam die Samtweberei 40 Jahre später durch die Gründung der Samtfabrik von David Hirsch in Potsdam. In ihr haben wir die erste Plüschfabrik Preußens zu erblicken.

Das ganze Rüstzeug merkantilistischer Gewerbepolitik ist unter der Regierung der ersten preußischen Könige zur Förderung der neu

---

[1] Schmoller, Acta Borussica, Bd. I u. II. — Hintze, Acta Borussica Bd. III, Die Preußische Seidenindustrie im 18. Jahrhundert.

[2] Tollin, Geschichte der französischen Kolonie von Magdeburg. Bd. I, S. 435; Bd. II, S. 37ff.: „Dem Gaspard de Clerc, manufacturier de moquette, wird der Kurfürstliche Schutz versprochen, weil ihm von auswärtigen und benachbarten Orten heimlich nachgestellt würde, damit man ihm nicht allein solche seine in Deutschland einzig dastehende Handthierung gleichsam abstellen, sondern auch seine ouvriers corrumpieren, dagegen die eigentliche Beschaffenheit seiner métiers, Gerätschaften und verarbeiteten Materialien entdecke, die ouvriers abspenstig machen und seine durch Verwendung vieler Unkosten etablierte Manufaktur außer Landes ziehen möchte."

[3] Tollin, Bd. II, S. 37ff.: Am 14. Dezbr. 1695 beklagt sich le Clercs Witwe, daß ihr 4 ihrer besten Arbeiter von dem Fabrikanten Jean d'Heris aus Magdeburg zum Weben von Moquette durch Zahlung höherer Löhne abspenstig gemacht seien. In dem entstehenden Prozesse ergibt die Untersuchung, daß Jean d'Heris, der sich den deutschen Namen Hans Diekles beigelegt hat, in Magdeburg mit Hilfe der aus Halle entwichenen Arbeiter eine Moquettemanufaktur errichtet habe. Der Prozeß endet mit der Anerkennung der Fabrik von Diekles und der Gewährung verschiedener Vergünstigungen.

[4] Tollin, S. 245.

[5] Leonhardi, Geschichte der Handelsstadt Leipzig, S. 279ff.

[6] Acta Borussica, Bd. I, S. 7.

begründeten Industriezweige angewandt worden: weitgehende Privilegien, als Befreiung von Steuern und Akzisen, Überlassung von Fabrik- und Wohnräumen, zinsfreie Darlehen, Prämien und endlich das auf Schutzzölle gestützte Monopol. Einige Details über die ältesten preußischen Plüschfabriken seien hier wiedergegeben.

Dem Schutzjuden David Hirsch ist 1730 ein Privileg auf 12 Jahre zur Errichtung einer Samtfabrik erteilt worden.[1] Da dieselbe schnell zur Blüte kam, folgte 1733 ein weiteres Privileg zum Betriebe einer Woll- und Seidenplüschfabrik in Potsdam, die in kurzer Zeit 100 Stühle beschäftigte.[2] Durch ein Einfuhrverbot für fremde Samte und Plüsche, mit Ausnahme der Plätze Berlin und Frankfurt a. O., wurde ihr eine monopolartige Stellung eingeräumt.

Nach dem Regierungsantritte Friedrichs des Großen wurden die Bestrebungen zur Hebung der wirtschaftlichen Tätigkeit Preußens in verstärktem Maße fortgesetzt. Besonders die Seiden- und Samtindustrie wurde durch Heranziehung zahlreicher Arbeiter weiter ausgebaut. Um 1756 sind 900—1000 Stühle in Berlin und Potsdam im Gange und 4000 Menschen werden beschäftigt.[3] Den Kern der Arbeiterschaft bilden die Kolonistenfamilien, die neu Hinzukommenden sind keine Emigranten mehr. Im Gegensatz zu den vom Großen Kurfürsten aufgenommenen Hugenotten, die den besten Kreisen angehörten, sind es Gesellen und Arbeiter. Sie sind von preußischen Agenten unter Zusicherung freier Reisekosten und sonstiger Vergünstigungen aus Italien, Frankreich, Holland und vor allen Dingen aus Hamburg und Leipzig angeworben.

Die Plüschfabrik von David Hirsch nahm durch ein staatliches zinsfreies Darlehen von 8000 Taler einen günstigen Fortgang, so daß sie 1744 schon mit 144 Webstühlen arbeitete.[4] Das 1742 von neuem auf 10 Jahre verlängerte Monopol wurde 1746 von Friedrich dem Großen aufgehoben, da Hirsch der daran geknüpften Verpflichtung, den ganzen inländischen Bedarf an Samten und Plüschen zu decken, nicht nachkommen konnte. Er mußte sein Arbeitsfeld mit der 1746 durch staatliche Unterstützung errichteten Plüschfabrik von Blume teilen.[5] Der Hirschschen Fabrik wurden die mittleren Provinzen, der Blumeschen das östliche Preußen als Absatzgebiet überlassen. Nach Blumes Tode ging die Fabrik auf seinen Schwiegersohn Gotzkowsky über[6], der sie 1753 auf 145 Stühle vergrößerte. Durch die nach dem Siebenjährigen Kriege eingetretene Krisis in der Berlin-Potsdamer Seidenindustrie ging die Fabrik von Gotzkowsky zugrunde, sie mußte 1764 akkordieren. Mit Gotzkowsky ist der einflußreichste

---

[1] Acta Borussica, Bd. I, S. 27.

[2] S. 37: Kabinetsorder vom 10. Okt. 1733: „Der König hat dem Juden David Hirsch wegen seines Fleißes bei Errichtung der Potsdamer Sammet- und Seidenfabrik und da er sich anheischig gemacht, auch eine Wollenplüschfabrik in Potsdam zu Stande zu bringen, zwei Schutzprivilegien accessiert."

[3] Hintze, S. 114.

[4] Hintze, S. 106ff. Acta Borussica, Bd. I, S. 73: Hirsch macht auf 144 Stühlen 300 Stück Sammet, 300 Stück Velpe und 60 Stück Plüsch.

[5] Hintze, S. 121. [6] S. 122.

Plüschfabrikant dahingegangen. Er ist auch der Begründer der Berliner Porzellan-Manufaktur, die nach seinem Tode vom Staate übernommen wurde. Als erster Ratgeber Friedrichs des Großen besaß er in wirtschaftlichen Angelegenheiten einen beispiellosen Einfluß und war die treibende Kraft in dem Kampfe gegen den Schleichhandel der Berliner Händlerschaft, die sich mit allen Mitteln gegen die ihr vom Staate auferlegte Verpflichtung der alleinigen Abnahme Potsdamer Webstoffe wehrte.[1]

Einige Jahre später sind in Berlin und Potsdam die ersten Manchester-Fabriken entstanden, in denen gleichfalls Plüschgewebe hergestellt worden sind. 1766 errichteten die Franzosen Lorrent, Joiron und Dejardin in Berlin eine Manchester-Manufaktur mit Unterstützung des Staates.[2] Es wurde ihnen ein Fabrikgebäude mit 200 Webstühlen zur Verfügung gestellt, wo sie französische Arbeiter für Manchester, englischen Plüsch und Brüsseler Kammlott beschäftigten. Trotz des gewaltigen Zuschusses von 120000 Talern florierte sie nicht. Schon nach 3 Jahren war das königliche Darlehen auf 30000 Taler zusammengeschmolzen, und die Fabrik wurde den Kaufleuten Brouess und Richter übertragen, welche die Anfertigung von Manchester aufgaben und nur Mohärplüsche und Kammlotte machten. Die Manchester-Industrie kam 1782 mit Hilfe der Königlichen Seehandlungs-Societät durch die großen Fabriken von Hotho und Welper in Berlin und Potsdam zur Blüte, die die bedeutendsten ihrer Art in Europa wurden.

Die älteste preußische Seiden-, Samt- und Plüschindustrie ist vorherrschend verlagsmäßig betrieben worden. An der Spitze standen große, vom Staate unterstützte Unternehmer. Nur eine geringe Anzahl von selbständigen Kleinmeistern war vorhanden. Der Übergang zum Fabriksystem ist schon wahrnehmbar, da der Staat einzelnen Verlegern große Gebäude überließ, in denen gemeinschaftlich gearbeitet wurde.[3]

Die natürliche Folge der Privilegien war die Reglementierung. Sie ist nach dem 7jährigen Kriege eingeführt und dem Muster von Lyon nachgebildet: die Breite und Länge der Stücke, Zahl der Kett- und Polfäden ist vorgeschrieben, jedes Stück muß den Namen des Fabrikanten tragen. Die Aufsicht wird durch staatliche Schaumeister ausgeübt, unvorschriftsmäßig gearbeitete Stoffe werden beschlagnahmt.[4]

Die zünftige Organisation der Arbeitsmeister ist nur von geringer Bedeutung gewesen, dagegen war das Verhältnis zwischen ihnen und den Verlegern gewerbepolizeilich genau geregelt. Die staatliche Bevormundung der ganzen Produktion wurde allgemein als drückend und lästig empfunden.

---

[1] Hintze (S. 157ff.) gibt eine ausführliche Charakteristik dieses bedeutenden Mannes.

[2] Krünitz, Art. Manchester. Bd. LXXXIII, S. 540.

[3] Acta Borussica, Bd. I, S. 130: 1748 werden Hirsch 5 Häuser in Potsdam zur Erweiterung des Betriebes vom Könige geschenkt.

[4] Hintze, S. 177.

Abgesehen von direkten Unterstützungen mit zinsfreien Darlehen war die Regierung durch weitere Maßnahmen auf eine gedeihliche Entwicklung der neuen Gewerbe bedacht. Ihre Hauptsorge galt der Ausbildung eines Nachwuchses; deshalb wurden Soldatenkinder aus dem Potsdamer Waisenhause den Fabrikanten in die Lehre gegeben, und diese durch jährliche Vergütung für Anlernung derselben belohnt.[1] David Hirsch erhielt die Ermächtigung, die Insassen des Spandauer Zuchthauses für sich zu beschäftigen. Schließlich wurde durch Gewährung von Prämien ein Ansporn zu tüchtigen Leistungen gegeben. Diesem Zwecke diente ein Prämieninstitut.[2]

Für die Hebung des Absatzes trat der Staat mit seinen ganzen Machtmitteln ein. 1753 kam es zur Durchführung eines Fabrikationszwanges, der die jüdische Händlerschaft Berlins nötigte, die Hälfte ihres Bedarfs an Seiden-, Samt- und Plüschstoffen aus den Berlin-Potsdamer Manufakturen zu beziehen, während der christlichen die Abnahme von einem Drittel auferlegt wurde.[3] Von einschneidender Bedeutung für die Sicherung des inländischen Marktes war jedoch die Zollpolitik. Es kann hier auf die ausführliche Darstellung von Hintze verwiesen werden. Im Jahre 1756 kam es sogar zu einem Einfuhrverbot. Den beiden Plüschfabriken von Hirsch und Blume wurde eine Exportprämie von 4% gewährt. Der Mittelpunkt des Exporthandels waren die Messen von Leipzig, Frankfurt a. O. und Breslau, wo ständige Warenlager gehalten wurden.

Den Höhepunkt erreichte die Blüte der preußischen Seiden-, Samt- und Plüschfabrikation im Jahre 1777, wo 1750 Webstühle im Gange waren. Mit ihrem Gedeihen steht der Verfall der Hamburger Samt- und Plüschindustrie im ursächlichen Zusammenhang. Ihr Rückgang wird einzig auf die Handelspolitik Friedrichs des Großen zurückgeführt.

---

[1] Acta Borussica, S. 150: Die Blumeschen Erben erhalten 15 Lehrjungen aus dem Waisenhause, zu deren Ausbildung der König auf 5 Jahre 2250 Thaler bewilligt.

[2] Journal für Fabrik, Manufaktur und Handlung, Leipzig, Jahrgang 1792, S. 341: „Aus diesem Prämieninstitute sollen diejenigen Sammetmachermeister, welche überhaupt, besonders aber geschickte Lehrlinge aufgezogen haben und die Sammetmacherlehrlinge selbst zu ihrer mehreren Aufmunterung Prämien erhalten. Zugelassen sind zu den Prämien Verleger, Meister, Gesellen und Lehrlinge. Prämien werden vergütet auf Plüsche, einerlei ob einfarbig, gestreift oder gewürfelt. Die zu prämiierenden Waren müssen folgende Eigenschaften haben: die Stücke müssen reglementsmäßig angefertigt sein, bei Plüschen dürfen keine Federbrüche oder Streifen bemerklich, auch muß der Zeug gut angeschlagen sein und die Pohle wohl decken, ein Stück Plüsch darf nicht unter 40 Berliner Ellen sein. Für ein Stück Plüsch werden 4 Thaler gewährt, Lehrlinge erhalten die Hälfte. Nötig ist der Nachweis der Selbstanfertigung. Denjenigen Meistern, Gesellen und Lehrlingen, die im Laufe eines Jahres am meisten Prämien erhalten haben, wird eine Extraprämie von 30, bzw. 20 und 10 Thaler gewährt. Diejenigen 3 Sammetmachermeister, deren Lehrlinge während der Lehrzeit am meisten Prämien erhalten haben, sollen eine Prämie von 50 Thaler erhalten."

[3] Hintze, S. 146.

Gründungen in Süddeutschland.

Die ältesten Standorte der Plüschindustrie in Deutschland haben wir damit kennen gelernt. Der Verfasser ist weiteren Spuren niederländischer und hugenottischer Gründungen im Textilgewerbe nicht nachgegangen. Solche weisen noch auf Hanau, Frankfurt a. M., Frankenthal und besonders auf Ansbach und Bayreuth hin. Hier haben vor 1600 Einwanderungen von Niederländern aus Antwerpen, Brügge, Lüttich, Sedan, Tournai und Valenciennes stattgefunden, die Passamenten-, Seiden-, Samt- und Kaffa-Industrie betrieben haben.[1] Durch Hugenotten und Waldenser erhielt das Gewerbe in Hanau einen kräftigen Zuwachs.[2] Auch in Fulda ist im 18. Jahrhundert vorübergehend Plüsch unter dem Namen „Velours d'Utrecht" hergestellt worden.[3]

Hanauer Ursprungs ist offenbar ein gewerblicher Betrieb, auf dessen Geschichte hier kurz eingegangen werden soll, da sie in die Verhältnisse eines selbständigen Plüschwebers Einblick gewährt und zugleich zeigt, wie merkantilistische Praxis sogar in dem kleinsten Ländchen wirkte. Es handelt sich um die Übersiedlung des „Zeuch- und Péluchefabrikanten" Wagner aus Reichelsheim nach Weilburg 1774—80, veranlaßt durch die Nassau-Saarbrückensche Regierung, die zur Besserung der Lage der armen Bevölkerung in Weilburg die Wollmanufaktur einzuführen sich bemüht.[4] Ein kleiner Fabrikant, der 2 Stühle für Hanauer Zeug, 1 Stuhl für Plüsch und 2 Stühle für Berliner Flanell aufstellen will und von der Regierung dazu als Arbeitsstätte 3 Stuben, 2 Kammern und besondere Räume für das Färben, sowie ein zinsfreies, hypothekarisch sichergestelltes Darlehen von 500 Gulden und Warenvorschüsse bei Anhäufung seiner Vorräte verlangt. Dagegen verpflichtet er sich, seine Waren auf der Frankfurter Messe und auf den Jahrmärkten des Sauerlandes und Westerwaldes feilzuhalten. 1779 fand die Übersiedlung statt, wozu die Regierung Fronfuhren bewilligte. Unter mannigfachen Vergünstigungen begann Wagner seinen Betrieb in Weilburg.[5] Die Regierung bekämpfte erfolgreich den Widerstand der einheimischen Krämer, die aus Neid Hanauer Stoffe denjenigen Wagners vorzogen. Zur Vergrößerung seines Betriebes erhielt Wagner wiederholt Vorschüsse, zum Einkauf von Wolle in der Pfalz wurden ihm Fronfuhren gestellt. Sein Gewerbebetrieb unterstand der Überwachung der Regierung, der er regelmäßig Rechenschaft über den Stand seines Unternehmens ablegen

---

[1] Koch, Geschichte des Seidengewerbes in Köln, S. 71.

[2] Silbermann, S. 106.

[3] Nach persönlichen Mitteilungen des Magistrats in Fulda.

[4] Staatsarchiv Wiesbaden, Akten Nassau-Weilburg, Generalia Nr. 124: Aufnahme des Zeug- und Plüschfabrikanten Wagner von Reichelsheim nach Weilburg 1774—80.

[5] Für seine Färberei erhielt er aus den herrschaftlichen Wäldern Brennholz, aus dem fürstlichen Magazin jährlich 6 Klafter Buchenholz und 200 Wellen zu billigen Preisen. (S. 72.)

mußte.[1] Die Schicksale dieser kleinen Plüschweberei sind bis 1813 zu verfolgen.[2] Nach Wagners Tode wurde sie von den Erben fortgeführt und erfreute sich dauernd der Fürsorge der Regierung, weil sie zahlreichen Bewohnern Weilburgs durch Wollspinnen Verdienst gab und auch der Regierung durch Beschäftigung des Zuchthauses Einnahmen erbrachte. Interessant sind die den Akten beigefügten Plüschstoffe, etwa 20 Sorten, in geschmackvollen kleinen Mustern, mit Weftgarn als Flormaterial. Sie müssen daher als Moquette angesehen werden.

Die Standorte der Industrie um 1800.

Überblicken wir nunmehr die Standorte der Plüschindustrie Anfang des 19. Jahrhunderts. Ihre Mittelpunkte sind in Deutschland[3] Hamburg, Berlin, Magdeburg, Gera, Greiz, Eisenach[4], Langensalza, Mühlhausen, Frankfurt a. M., Hanau und Calw i. W. Gera ist bei weitem der erste Platz. An der Versorgung des deutschen Marktes beteiligen sich auch Tournai, Lille, Amiens, Abbeville, Rouen, Orchie, Amsterdam, Utrecht, Leyden, Norwich, Spitalsfield und Manchester. Als Erzeugnisse werden genannt Seiden- und Mohärplüsche, Mocades (jetzt schon häufig Moquette bezeichnet), Tripps und Kaffas. Unter Tripp wird in dieser Zeit ein glatter Moquette, also ein Weftplüsch verstanden.[5] Der Name „Kaffa" ist auf einen gemusterten Plüsch übergegangen[6], dessen Figuren nicht aus dem Flor, sondern durch den nicht aufgeschnittenen glatten Grund gebildet werden.[7]

---

[1] Obige Akten, S. 121: Spezifikation seiner Geschäftsergebnisse von März bis Ende 1779:

1. produziert:
   Plüsch: 76½ Brabanter Ehle (23½ sind noch auf dem Stuhl)
   Kamlott: 515 „ „
   Berl. Flanell 205 „ „
2. verkauft:
   Plüsch: 30 Brabanter Ehle
   Kamlott: 83½ „ „
   Berl. Flanell 31 „ „

Inventur. 70 Brabanter Ehle Plüsch à 50 Kr. = 58 fl. 20 Kr. etc. 4 Webstühle à 12½ fl. 300 Spulen, 3 Spulräder, Plüschruthen und Messer dazu, Färbkessel, Bütten etc. Im ganzen sind Warenlager und Geräte mit 539 fl. bewertet.

[2] Staatsarchiv Wiesbaden, Akten Nassau-Weilburg, Kabinet Nr. 237: Die Wollenzeug- und Plüschfabrik von Wagner zu Weilburg 1778—1813.

[3] Krünitz, Art. Plüsch, Bd. 113, S. 466ff. Ferner Schedels Warenlexikon von 1835, Bd. II, S. 223. Art. Tripp, S. 604. Art. Mocade, S. 56. Art. Caffa, S. 202.

[4] Schumann, Bd. II, S. 597: Außer Sammet werden Caffa, Velbel und Wollenplüsche von den Plüschfabrikanten Gebr. Streiber verfertigt.

[5] Schedel, S. 604.

[6] Encyklopädisches Kaufmannslexikon von Ludovici, Art. Caffa, Bd. II, S. 39: „Aufgeschnittene und unaufgeschnittene Caffas, zu Kleidern, zum Beschlagen von Stühlen, Kanapees. Eigentlich sind sie ein von den Engländern erfundenes Zeug und mit diesem Namen aus England zu uns gekommen und nachgeahmt worden."

[7] Acta Borussica, Bd. II, S. 709.

Fünfter Abschnitt.

Die Entwicklung der deutschen Plüschindustrie im 19. Jahrhundert.

Die weitere Entwicklung der deutschen Plüschindustrie und ihre Verbreitung wird durch die Auswanderung auf das platte Land bestimmt. In Hamburg und Gera hatte diese Industrie die typische Form aller Textilgewerbe des späteren Mittelalters: zünftige Organisation, die dem Webermeister eine verhältnismäßig selbständige Lage gegenüber seinem Verleger sicherte. Den Übergang zum Fabrikbetrieb zeigen die staatlich privilegierten Manufakturen der Hugenotten in Berlin und Potsdam. Im 19. Jahrhundert fallen endgültig die Schranken der Zunftverfassung. In dem Augenblicke, wo die Absatzmärkte sich erweiterten und fremde Konkurrenz fühlbarer wurde, war der Verleger gezwungen, die Herstellungskosten seiner Erzeugnisse durch Heranziehung der ländlichen Bevölkerung möglichst herabzudrücken. Der Hauptteil der Fabrikation, das Weben, wird von zerstreut auf dem platten Lande und in der Umgebung der Städte ansässigen Webern ausgeführt, denen durch Vermittlung von Faktoren das Rohmaterial geliefert wird. Sie beschäftigen noch häufig Gesellen und Lehrlinge, in der Regel arbeiten sie jedoch mit Frau und Kindern und stehen sozial und wirtschaftlich auf der Stufe des Fabrikarbeiters, von dem sie sich nur durch das Arbeiten in eigener Werkstätte unterscheiden. Das Kontor des Verlegers wird zum Mittelpunkt der Produktion. Werkstätten für Musterung, Scheren, Färben und Appretieren sind demselben angegliedert.

Diese kurz angedeutete Entwicklung ist für unsere Industrie von Gera und Elberfeld ausgegangen. Wir können diese Orte als Pflanzstätten der modernen deutschen Möbelplüschindustrie betrachten. Hamburg und Berlin haben von der Mitte des 19. Jahrhunderts an keinen Einfluß mehr auf ihre Gestaltung in der Gegenwart. Hamburgs Plüschindustrie ist gänzlich eingegangen, die Berliner hat sich der Herstellung von Konfektionsplüschen, Krimmer und anderen Fellimitationen zugewendet.

Der älteste ländliche Plüschweberbezirk ist zwischen Chemnitz und Leipzig gelegen. Es wäre denkbar, seine Entstehung auf die Samtindustrie Leipzigs zurückzuführen, zumal 1828 zur Linderung der Notlage der erzgebirgischen Bevölkerung dieses Gewerbe auch in Annaberg, Frankenberg und Penig Eingang fand.[1]

Als Stätten der Plüschweberei kommen nach 1800 Borna, Oschatz und Rochlitz in Frage.[2] Nach unseren Untersuchungen ist sie von Gera, dem damals bedeutendsten Sitze der Industrie, begründet worden. Die Vorfahren der Inhaber der großen Plüschfabrik Gebrüder

---

[1] Gebauer, H. Die Volkswirtschaft im Königreich Sachsen. Bd. III, S. 303.
[2] Schedel, S. 225.

Koch haben 1837 ihren Betrieb von Gera nach Lausigk verlegt und in der ganzen Umgebung, so in Frohburg, Lunzenau und Reichersdorf, weben lassen. Diese Plüschfabrik, gewöhnlich die älteste Sachsens genannt, erscheint daher als ein Bindeglied der der Vergangenheit angehörenden Plüschindustrie Geras mit der Gegenwart. Borna ist offenbar der wichtigste Platz des ganzen Webereibezirkes gewesen.[1]

Die Entstehung der Plüschindustrie in Elberfeld, Bielefeld und Chemnitz.

Der Ursprung der Elberfelder Plüschfabrikation weist auf Krefeld hin. Der Begründer der Seiden- und Samtindustrie Krefelds ist die niederländische Mennonitenfamilie von der Leyen[2], durch deren Unternehmungsgeist sich das Gewerbe unabhängig von staatlicher Bevormundung und fern dem Strome merkantilistischer Politik zu höchster Blüte entfaltet hat. Die französische Herrschaft zur Zeit Napoleons machte der monopolartigen Stellung der Leyens ein Ende, und in Mühlheim a. Rh., Viersen und Elberfeld entstand der Krefelder Industrie sofort eine gefährliche Konkurrenz. Möbelplüsche sind in Krefeld nicht gemacht worden, nur Felbel und Manchester werden erwähnt. Dagegen ist in den Jahren 1810—1835 neben dem kurzflorigen Samt der Seidenplüsch in die Krefelder Seidenindustrie aufgenommen. Die erste Seidenplüschfabrik wurde 1835 von J. Pastor errichtet, schon früher fabrizierte Andreae in Mühlheim a. Rh. Seidenplüsch.[3] Die von Krefeld nach Elberfeld verpflanzte Samt- und Seidenindustrie hat nur ein kurzes Dasein gefristet. Ebenso wie die alte Leinenweberei von der Baumwoll-, diese von der Seidenweberei infolge der Konkurrenz billigerer Produktionsstätten verdrängt wurde, so mußte auch sie Mitte des 19. Jahrhunderts der überragenden Seidenweberei Krefelds weichen und der Herstellung von wollenen und gemischten Webstoffen Platz machen. Unter diesen stehen die Möbelstoffe, in erster Linie die Plüsche, im Vordergrunde. Auch der Entwicklung der Moquettefabrikation wurde durch Gründung von Teppichfabriken um 1830 der Boden bereitet.[4]

Die Gruppierung der wichtigsten Standorte der Plüschindustrie in der zweiten Hälfte des 19. Jahrhunderts ist dadurch festgelegt. Wir müssen drei Mittelpunkte unterscheiden, um die sich die Plüschweberei lagert: Elberfeld, Bielefeld und Chemnitz. Köln und Fulda treten als Sitze der Verleger hinzu. Es ist eine weitverzweigte Verlagsindustrie gewesen, die, immer billigeren Löhnen nachgehend, ihre Webstühle selbst auf die Höhen der Rhön, der Eifel und des Riesengebirges trug.

---

[1] Schumann, Bd. I, S. 454: 95 Zeugmacher wohnen in Borna, die viel Plüsch und Velpel machen. 1804/6 wurden 2200 Stücke wollene Tuche gemacht.

[2] Keussen, Geschichte der Stadt und Herrlichkeit Crefeld, S. 179.

[3] Derselbe, S. 495.

[4] Handelskammerberichte von Elberfeld.

Für Elberfeld arbeitete die Weberbevölkerung am Niederrhein, im unteren Kreise Solingen und in der Eifel. Bald machte es sich auch die westfälischen Leineweber dienstbar. So wurde die Umgebung von Münster, Ahlen, Freckenhorst und Warendorf für die Plüschweberei gewonnen.

Von entscheidender Bedeutung war der Schritt, den der aus Bielefeld stammende Verleger Bertelsmann unternahm, indem er 1856 die Plüschhandweberei von Elberfeld aus vor die Tore seiner Heimatstadt verpflanzte. Er ist der Begründer von Bielefelds Plüschindustrie, und ihm gebührt das Verdienst, der in den 1850er Jahren durch die mechanische Spinnerei Englands in schwere Notlage geratenen Leineweber-Bevölkerung des Ravensberger Landes[1] einen neuen blühenden Erwerbszweig gebracht zu haben. Bis 1874 ist seine Firma, in die der Fabrikant Niemann 1858 eintrat, die einzige gewesen. 1890 bestanden im ganzen 4 Betriebe. In den ersten Jahren sind auch Woll-Möbeldamaste und Ripse gemacht worden, später spezialisierte man sich auf Mohär-, Eisenbahn-Weft- und Schuhplüsche, 1885 wurde die Fabrikation von gemusterten Plüschen begonnen. Der Webereibezirk umfaßte die Dörfer Heepen, Altenhagen, Stieghorst, Hillegossen, Ubbedissen, Helpup, Osterheide, Luckhausen, Brake, Schildesche, Dornberg und in der Senne Stukenbrock und Augustdorf. In den 60er und 70er Jahren sind 3—400 Webstühle im Gange gewesen. 1882 beginnt der Hauptaufschwung, die Stuhlzahl stieg auf 800, 1883 auf 1000, 1890 auf 2000, um 1894 infolge der beginnenden Konkurrenz des mechanischen Webstuhls auf 1600 herabzugehen.[2] In der Hauptsache waren es Leineweber, denen von den Verlegern neue Plüschstühle zur Verfügung gestellt wurden. Die Ausbildung eines Webers erfolgte in der Weise, daß er innerhalb eines Jahres 3 Plüschstücke ohne Entschädigung anfertigen mußte. 14—25jährige Leute waren in der Mehrzahl. In den lippischen Dörfern arbeiteten im Sommer Mädchen, da die Männer in Ziegeleien Beschäftigung suchten und die Weberei nur als Winterarbeit betrieben. Die Abholung des Rohmaterials und die Rücklieferung der fertigen Plüsche geschah durch die Weber selbst. Die Vermittlung von Faktoren wurde von Elberfelder und Chemnitzer Firmen in Anspruch genommen. Die Löhne schwankten je nach Dichtigkeit der Waren. Für geringere Qualitäten bis 550 Riet wurden 50 Pf. bei 28 Ruten pro Zoll für die Brabanter Elle, bei 720 und 40 Ruten 70 Pf., bei 840 85 Pf., bei 1000 mit 46 Ruten 1,10 M. gezahlt. Der Durchschnittsverdienst bei 12—15stündiger Arbeitszeit stellte sich auf etwa 2 M.

Der größte Übelstand dieser ländlichen Industrie lag für den Fabrikanten in der unregelmäßigen Ablieferung der Waren, weil die Weberbevölkerung infolge der westfälischen Siedlungsweise (Fehlen von Haufendörfern) weit zerstreut in Pacht wohnt und ein Teil der

---

[1] Hansische Geschichtsblätter, Jahrg. 1895, S. 79, Art. von Reese, Die historische Entwicklung der Bielefelder Leinenindustrie.

[2] Handelskammerberichte Bielefeld.

Pachtzinsen durch landwirtschaftliche Arbeit bei den Großbauern abgetragen wird.

Die sächsische Plüschindustrie hat, wie schon erwähnt wurde, Mitte des 19. Jahrhunderts in Lausigk und Borna ihren Hauptsitz. Durch Dresdner Verleger fand sie in den 60er Jahren in den vogtländischen Ortschaften Peterswalde, Bad Elster, Brambach, Adorf und Oelsnitz Eingang.[1] Hier wurden besonders Seiden- und später Leinenplüsche fabriziert.[2] Verhältnismäßig spät, um 1880, konzentrierte sie sich in Chemnitz und Umgebung, wo der günstigste Boden für ihre Weiterentwicklung gegeben war. Von der Mode getragen, erlangten die Plüsch- und Moquettegewebe von nun an die führende Stellung in der Chemnitzer Möbelstoffindustrie. Diese ist gegen 1830 aus der Kleiderstoffweberei hervorgegangen und hatte sich bald, namentlich nach Einführung des mechanischen Webstuhls 1852, zu der größten in Deutschland ausgebildet. Chemnitz hat zunächst die Fabrikation der zu Dekorationszwecke dienenden Leinen- und Juteplüsche gepflegt.[3] Der größte Teil der in Chemnitz beschäftigten Handwebstühle wurde zu Plüschstühlen umgebaut. Auch die Nachbarorte Hainichen, Frankenberg, Roßwein und Lengefeld übernahmen den Plüsch. Mit der Einführung des mechanischen Ruten- und Doppelstuhls durch die Schönherrsche Webstuhlfabrik um 1890 beginnt die Ära der Chemnitzer Moquetteindustrie.[4]

Der Webereibezirk in der Rhön ist den Niederlassungen der Verleger am meisten entrückt. Da ihm für die Gegenwart eine gewisse Bedeutung zukommt, so dürfte ein kurzes Eingehen auf seine Geschichte von Interesse sein.

Die Bevölkerung des Eisenacher Oberlandes, das dem Gebiete der thüringischen Rhön angehört, hat bereits in der ersten Hälfte des 19. Jahrhunderts eine bedeutende Hausindustrie betrieben, die sich auf Holzschnitzerei, Herstellung von Schuh- und Korbwaren und auf Leinen- und Baumwollweberei erstreckte. Als Wohnorte der Weber kamen in Betracht Kaltensundheim, Kaltennordheim, Kaltenwestheim, Ober- und Unterweid, Ostheim, Mittelsdorf, Birx, Gerthausen, Melpers, Lengsfeld, Weilar, Helmershausen. Nach Aufkommen des mechanischen Stuhles ist diese Hausweberei stark zurückgegangen. Zu neuer Blüte gelangte sie durch die von dem Fabrikanten B. Müller aus Fulda im Jahre 1854 in Kaltensundheim eingerichtete Plüschindustrie. Über ihre Entwicklung bis 1880 ist nichts bekannt, dagegen besitzen wir eine Darstellung von Gau über die Verhältnisse zwischen 1880 und 1888.[5] In dieser Zeit hat die Weberei einen großen Aufschwung genommen und sich in allen Weberdörfern verbreitet, die

[1] Gebauer, Bd. III, S. 307. [2] S. 312—313.

[3] Festschrift zur 39. Hauptversammlung des Vereins Deutscher Ingenieure in Chemnitz 1898, S. 285, Art. von Paul Hoffmann: „Die Möbelstoffindustrie in Chemnitz."

[4] Handelskammerberichte von Chemnitz.

[5] M. Gau, Die Plüschweberei im Eisenacher Oberland des Großherzogtums Sachsen. (Schriften des Ver. f. Sozialpolitik, 1889, Bd. XL, S. 77—89.)

alte Leinenweberei allmählich verdrängend. Die treibende Kraft sind namentlich Elberfelder Fabrikanten gewesen. Auf ihre Anregung hin errichtete der Gewerbeverein von Ostheim 1884 zur Linderung der Notlage der Leineweber eine Lehrwerkstätte mit 23 Stühlen zur Anlernung von Webern in der Plüschfabrikation. Die Großherzogliche Regierung übernahm $^5/_6$ der 6000 Mark betragenden Unkosten. Die Ausbildung dauerte 2 Jahre unter Vergütung des halben Lohnes. Schon 1878 hatte die Weimarische Regierung die Ausbreitung der Plüschweberei gefördert, indem sie den Leinewebern von Frankenheim, einem 760 m hoch in der Hohen Rhön gelegenen Dorfe, eine Beihilfe von 1100 Mark zum Umbau der Webstühle zu Plüschstühlen bewilligte.

1887—88 sind bereits 780 Plüschweber gegenüber 230 Leinewebern tätig, und zwar in Kaltensundheim 132, Ostheim 100, Klings 90, Frankenheim und Birx 57, Unterweid 142, Oberweid 130, Mittelsdorf 35, Gerthausen 26, Kaltenwestheim 27.

Während die alte Leinenweberei teilweise handwerksmäßige Form hatte, war die neue Plüschweberei eine reine Lohnindustrie im Dienste von Fabrikanten aus Fulda, Elberfeld, Köln, Berlin und Chemnitz. Günstige Verhältnisse haben eine rasche Blüte des neuen Erwerbszweiges veranlaßt. Den Bewohnern der Rhön wird eine gewisse Handfertigkeit nachgerühmt. Bei der bedeutenden Höhenlage, dem rauhen Klima, dem kärglichen Ertrage der Landwirtschaft sind die Lebensbedingungen der dicht angesiedelten Bevölkerung ziemlich ärmlich, nur die Viehzucht ist infolge des reichen Graswuchses gut entwickelt. Hausindustrielle Beschäftigung neben der Landwirtschaft ist daher eine Notwendigkeit.

Da die Plüschweberei starke und geschickte Arbeiter erfordert, so sind nur ausnahmsweise Frauen in ihr tätig gewesen. Ihre Mitwirkung und auch die von Kindern beschränkte sich auf das Spulen der Schußfäden. Der größte Teil der Plüschweber arbeitete das ganze Jahr hindurch mit einigen Unterbrechungen während der Erntezeit. Doch wurden auch Winterarbeiter, die im Sommer einem anderen Handwerke nachgingen, zur Anfertigung geringer Qualitäten herangezogen. Zu Zeiten guten Geschäftsganges wurden von einzelnen Webern auch Gesellen gehalten. Die Vermittlung zwischen Verlegern und Arbeitern lag in den Händen von Faktoren. In Kaltensundheim waren z. B. 6 Faktoren für 9 Fabrikanten tätig. Ihre Aufgabe bestand darin, die Austeilung des Rohmaterials unter die Weber und die Ablieferung der fertig gestellten Plüsche zu besorgen. Als Bezahlung erhielten sie eine Provision von $2^1/_2$—7 Pf. für ein Meter, einige sind auch mit festem Gehalt angestellt gewesen. Die Mitwirkung der Faktoren war für die Verleger auch insofern von Wichtigkeit, als sie durch dieselben eine Kontrolle über die Arbeiter ausüben konnten. Einer Übervorteilung der Weber durch die Faktoren bei Auszahlung der Löhne war durch Einrichtung von Lohnzetteln vorgebeugt. Der Lohn betrug je nach Breite und Qualität der Plüsche 40—75 Pf. pro Meter; bei 12—14stündiger Arbeitszeit ist ein Tagesverdienst von 1,50—2,70 Mark erreicht worden. Die wöchentliche Einnahme eines Webers stellte sich auf 8—18 Mark. Gegenüber dem Verdienste eines Leinewebers, der inzwischen auf 60 Pf. bis 1,20 Mark bei 15stündiger Arbeitszeit unter Mitwirkung von Frau und Kindern herabgesunken war, zeigen die Löhne der Plüschweber eine erhebliche Besserung. Überhaupt hat die neue Industrie den Bewohnern der Rhön eine gewisse Wohlhabenheit gebracht, da es vielen bei unermüdlichem Fleiße möglich gewesen ist, durch Erwerben eines kleinen Anwesens die Grundlage zu günstigeren Lebens- und Wohnungsbedingungen zu schaffen. Wenn die Löhne der als Ziegler und Maurer arbeitenden Gebirgsbewohner auch etwas höher gewesen sind, so hatten die Plüschweber den Vorteil eines ununterbrochenen, im Winter nur wenig verringerten Einkommens.

Gaus Untersuchungen sind mit dem Jahre 1888 abgeschlossen. Die Plüschweberei in der Rhön hat nach dieser Zeit unter dem Einflusse der im letzten Jahrzehnt des 19. Jahrhunderts herrschenden Plüschmode noch an Ausdehnung gewonnen und ist um 1900 auf dem Gipfelpunkte angelangt. Sie ist auf Meininger und Bayrisches Gebiet übertragen worden. (Bittenhausen, Friedelshausen, Stockheim.) Damals umfaßte sie etwa 30 Ortschaften. Die Zahl der im Gange befindlichen Webstühle wird auf 900—1000 geschätzt. 15 Faktoren waren vorhanden, von denen einer allein 250 Stühlen Arbeit zuteilte. Die Produktion erstreckte sich auf glatte und gemusterte Plüsche, Eisenbahn-, Schuh- und Leinensplüsche.

Mit der Ausdehnung des mechanischen Betriebes erfolgte ein jäher Rückschlag, der 2—3 Jahre lang eine schwere Notlage über die Bevölkerung heraufbeschwor. Es wird noch jetzt bitter darüber geklagt, daß die Eingaben an die Weimarische Regierung um Unterstützung erfolglos geblieben sind. Allmählich hat sich ein Ausgleich vollzogen. Neue Industriezweige sind in die entstandene Lücke eingetreten; so hat die Peitschen- und Puppenfabrikation gewaltig zugenommen. Auch die Kalibergwerke und Basaltsteinbrüche haben einen großen Teil der jüngeren Plüschweber an sich gezogen, und nur die älteren sind ihrem Gewerbe treu geblieben. An anderer Stelle werden wir auf die jetzigen Verhältnisse zurückkommen.

Der Übergang zur mechanischen Weberei.

Die Einführung des mechanischen Betriebes hat in der Organisation der Plüschindustrie eine Umwälzung bewirkt. An die Stelle der verlagsmäßigen ist die Produktion in geschlossenen Fabriketablissements getreten. Dieser Entwicklungsgang, der für die übrigen Zweige des Textilgewerbes bis zur Mitte des 19. Jahrhunderts seinen Abschluß gefunden hat, ist für unsere Industrie erst um die Wende des Jahrhunderts beendigt. Was ist die Ursache, daß die Plüschweberei sich so spät die Errungenschaften der Technik dienstbar machen konnte? Die Schwierigkeiten der mechanischen Herstellung des Plüsches lagen zunächst in der Behandlung der Ruten. Die ersten Kraftstühle erforderten noch das Einlegen und Herausziehen derselben durch den Weber und entsprachen daher nicht den Leistungen, die man hinsichtlich der Schnelligkeit von einem solchen erwartet. Die Lösung des Problems des mechanischen Einsetzens und Ausziehens der Ruten gelang 1849 dem Amerikaner Johnson. Auf demselben Gebiete bewegten sich die Erfindungen von Wood in Lancaster 1850, Sivier in London 1853 und Hodgson in Halifax, Yorkshire, 1857; für die neueste Zeit verdient der Deutsche Claviez genannt zu werden.

Ein Triumph der Technik und von der größten Bedeutung war die Erfindung der Florbildung ohne Ruten, weil sie die gleichzeitige Erzeugung von zwei Geweben ermöglicht.[1] Versuche in dieser Richtung gehen bis auf den Anfang des 19. Jahrhunderts zurück und nahmen durch Meynier und J. B. Martin in Lyon 1833[2] greifbare Gestalt an. Der Deutsche Heilmann in Mühlhausen brachte 1841 weitere Verbesserungen.

Alle diese Erfindungen sind für die Praxis nicht brauchbar gewesen. Die Grundlage für die mechanische Weberei des Moquette hat der Amerikaner E. B. Bigelov 1851 durch seinen Teppich-Rutenstuhl geschaffen.[3] Der ersten Fabrikation von Teppichen mit vorher bedruckter Kette, ein Verfahren, das dann auf den Moquette übertragen wurde, darf sich der Schotte Whystock aus Edinburgh rühmen.

Während der Stand der Technik um 1880 der Moquetteindustrie den Übergang zum mechanischen Betrieb erlaubte, war dies der Plüschindustrie erst 1890 möglich. Den Fachleuten sind in bezug auf die Plüschbindungen sehr schwierige Aufgaben gestellt, die jetzt noch nicht zur Zufriedenheit gelöst werden konnten. Es handelt sich in der Hauptsache um die Frage, wie ein richtiger Stand der Flornoppen zu erreichen ist. Bahnbrechend in dieser Hinsicht ist die Listersche Bindung geworden, ein unter dem 22. Dezember 1888 patentiertes Verfahren der großen Plüschfabrik Lister in Bradford. Wenn dieser Bindung während der Zeit des Listerschen Monopols auch zahlreiche Nachahmungen entstanden sind, so beruht auf ihr doch in der Gegenwart die mechanische Plüschwebtechnik.

Der mechanische Betrieb hat sich schnell eingeführt. Von den rheinischen Fabrikanten ausgehend, setzte er sich in Bielefeld in den Jahren 1896—1900 durch. Die sofort beginnende Überproduktion machte den Handplüsch konkurrenzunfähig. Erschwerend kam für die Bielefelder Fabrikanten der in derselben Zeit eintretende Aufschwung der Nähmaschinen- und Fahrradindustrie hinzu, deren hohen Löhnen sie nicht folgen konnten. Der Verlust zahlreicher Arbeiter zwang die Fabrikanten, der Handweberei so schnell wie möglich den Rücken zu kehren und mit dem Stamm der ihnen verbliebenen Weber die mechanische Herstellung des Plüsches aufzunehmen.

Um 1900 hat der Dampf und die Maschine auch auf diesem Ge-

[1] Karmarsch, Geschichte der Technologie, S. 688/91.
[2] Larousse, Grand Dictionnaire Universel du 19. Siècle. Art. peluche.
[3] Koch, Die Teppichfabrikation.

biete den Sieg über die menschliche Arbeitskraft davongetragen und damit den Untergang der Plüschhandweberei besiegelt.

Überblicken wir den Gang der geschichtlichen Entwicklung, so können wir als Ergebnis der Untersuchungen folgendes feststellen. Die Plüsch- und Moquetteindustrie ist aus der arabischen Samt- und Teppichweberei hervorgegangen und ist auch mit ihr in Europa verbunden gewesen. Die erste große Stätte fand sie in Tournai, wo sie sich zur gesamten Möbelstoffindustrie erweiterte. Sie breitete sich von dort in Flandern, Brabant und Nordfrankreich aus und wurde durch das Refugié während der Gegenreformation nach Holland, England und Deutschland übertragen. Hier faßte sie als selbständiges Gewerbe Fuß in Hamburg, Gera, Hanau und der Gegend von Ansbach, 100 Jahre später fand sie durch die Ansiedlung der Hugenotten im Anschluß an die Seiden- und Samtfabrikation in Brandenburg Eingang. Von Gera wanderte sie um 1800 nach Sachsen und bürgerte sich unter dem Einfluß der Krefelder Samtindustrie im Rheinlande und Wuppertal ein. Zur Ausnutzung der billigeren Löhne der in Bedrängnis geratenen westfälischen Leinenweberei wurde sie in der Mitte des 19. Jahrhunderts in die Umgebung von Münster und Bielefeld verlegt, um endlich in den 80er Jahren der Chemnitzer Möbelstoffindustrie angegliedert zu werden. Mit der Einführung des mechanischen Betriebes haben sich die Standorte wenig verändert, da sich die Fabriken als Niederlassung die Plüsch- und Samt-Hausweberbezirke erwählten.

Zweiter Hauptteil.

Die deutsche Möbelplüsch- und Moquette-Industrie in der Gegenwart.

Erster Abschnitt.

Die Standorte.

Aus der geschichtlichen Entwicklung ergibt sich im allgemeinen die heutige geographische Verbreitung der Plüsch- und Moquette-Industrie. Wirtschaftshistorische Ursachen, die Anlehnung an die Seiden- und Samtindustrie einerseits, an die Möbelstoff- und Teppichfabrikation andererseits, kommen als maßgebende Faktoren in Betracht.

Im besonderen läßt sich als den Standort bestimmendes Moment das Vorhandensein geeigneter und billiger Arbeitskräfte erkennen, indem die Bezirke der Plüsch- und Samt-Hausweberei vielfach den mechanischen Fabriken als Niederlassungen dienten. Die dadurch bedingte Trennung der Produktionsstätte von dem Sitze der kaufmännischen Leitung und des Versandes ist für Bielefeld völlig zur Durchführung gelangt, während sie in Elberfeld für beinahe die Hälfte vollzogen ist. Nur in Chemnitz ist infolge der Verbindung mit der Möbelstoffweberei Konzentration vorhanden.

Die Standorte lassen sich nach vier Gruppen ordnen:

1. Die rheinische Gruppe hat ihren Mittelpunkt in Elberfeld-Barmen. Zu Elberfeld gehörige Fabriken befinden sich in Burscheid, Dülken und Haan. Ferner bestehen Fabriken in Mülheim a. Rh., Viersen, Erckrath, Wermelskirchen, Goch, Köln, Aachen, Düren, Krefeld, Erkelenz, Gräfrath, Lechlingen.
2. Die westfälische Gruppe umfaßt den Hauptplatz Bielefeld (seine Webereien sind in Sieker, Stieghorst, Jöllenbeck, Brake i. W.) und im Münsterlande die Orte Freckenhorst und Ahlen.
3. Das Zentrum der sächsischen Gruppe ist Chemnitz. Ihm schließen sich an: Lausigk, Lunzenau, Erfenschlag, Hainichen, Adorf, Ölsnitz und Meerane.
4. Die bayrische Gruppe beschränkt sich auf Kulmbach und die Gegend von Bayreuth (Fladungen, Gefrees, Frankenhammer) und Wehr i. B.

Im Zusammenhang seien noch die Erzeugungsstätten der nicht zu Möbelbezügen verwendeten Plüschgewebe angeführt. Die Herstellung der Seidenplüsche ist auf das Engste mit der Samtindustrie von Krefeld verknüpft.

Der erste Platz für Mohär-Konfektions- und streifgewebte Besatzplüsche ist Berlin. In Krimmer und Fellimitationen beherrscht es neben Bradford den Weltmarkt.

Vereinzelt findet sich Plüschindustrie in Kalbe a. S., Wurzen, Reichenbach i. Schl., Rothenburg a. O., Fulda, Cannstatt, Reuttlingen, Konstanz, Zweibrücken, Püttlingen i. Els. und Stammbach i. B.

Wegen der Standorte der Handweberei wird auf den ihr gewidmeten Abschnitt verwiesen.

Zweiter Abschnitt.

Der Bezug des Rohmaterials.

Für die Herstellung von Plüschen und Moquetten finden beinahe sämtliche Gespinnstoffe Verwendung, in der Möbelplüschweberei vorzugsweise Wolle und Baumwolle. Der wichtigste Rohstoff des Plüsches ist das Mohärgarn, aus der Wolle der Angora- oder Kämelziege gesponnen und wegen seines seidenartigen Glanzes zur Erzeugung des Flors sehr geeignet. Da die Mohärgarn-Spinnerei sich völlig in englischen Händen befindet, so ist die deutsche Plüschindustrie in dem Bezuge ihres Hauptrohmaterials von England abhängig. In Bradford und Umgebung befinden sich die Mohärgarn-Spinnereien, dort gelangen die aus Kleinasien und dem Kaplande stammenden Rohwollen zur Auktion, und die Bradforder Garnbörse ist der Mittelpunkt des Garnhandels.

Das Geschäft mit England wickelt sich vorwiegend durch Kommissionshäuser und Eigenhändler ab, derart, daß entweder englische Firmen in Elberfeld und Barmen Agenturen unterhalten oder deutsche, mit dem Sitze in Elberfeld-Barmen, durch eigene Zweigniederlassungen in Bradford direkt einkaufen. Die Tätigkeit dieser Garnhändler ist im hohen Grade spekulativ und ihr Gewinn besteht mehr in der richtigen Ausnutzung der Konjunktur, als in ihren nur geringen Provisionen. Ein kleiner Verdienst erwächst ihnen noch aus der Berechnung der Verpackung, die sie über die Selbstkosten hinaus anzusetzen pflegen. Die Vermittlung zwischen Garnhändler und Fabrikant geschieht durch Vertreter an den Produktionsplätzen, die durch regelmäßige Preisangebote und Vorlegung von Proben für das Zustandekommen von Garnkäufen wirken. Eine Umgehung des Zwischenhandels durch unmittelbaren Verkehr zwischen Spinner und Weber findet selten statt, weil einerseits für den Spinner der Absatz an wenige Großhändler eine Erleichterung bedeutet, andererseits der Weber in dem Arbeiten mit dem deutschen Händler eine höhere Sicherheit erblickt. Gerichtliche Auseinandersetzungen mit dem englischen Spinner sind immer mit Schwierigkeiten verbunden, wogegen bei Warenmängeln dem Weber die Beziehungen zum heimischen Garnhändler den Umtausch ermöglichen.

Die Fabrikanten decken in der Regel ihren Bedarf auf 4—6 Monate im voraus. Diese langen Lieferungsfristen werden von den Spinnern gefordert, und von den Fabrikanten vorgezogen, weil sie fürchten, sonst nicht rechtzeitig bedient zu werden, auch bedürfen sie derselben für ihre Kalkulation, auf Grund deren sie mit ihrer Kundschaft Abschlüsse machen. Die Abnahme der gekauften Garne erfolgt je nach Bedarf in einzelnen Posten auf Abruf. Der Sicherheit wegen läßt man die Garne häufig durch die Konditionieranstalt in Bradford oder Elberfeld gehen, wo eine Prüfung auf Länge und Dickte stattfindet. Gewichtsdifferenzen bis 1% bei ungewaschenem Mohär sind zulässig.

Für Plüsche werden am meisten die Nummern 28 und 32, zweifach gezwirnt, verarbeitet. In Ballen à 1200 Pfd. engl., ungefärbt, gewöhnlich auch ungewaschen, gelangen sie bündelweise oder auf Kreuzspulen (Cheases) oder als fertig geschorene Ketten (Warps) zum Versand. Die einzelnen Sorten werden durch den Namen des Spinners und einen die Qualität ausdrückenden Zusatz gekennzeichnet. Neben reinem Mohär gebraucht man auch Mischungen von Mohär und Wolle (Mohair mixed). Die Preise schwanken zwischen 2 und 4 Shilling für 1 Pfd. engl. pure Mohair Nr. 32 und werden durch den Ausfall der Schur und die Nachfrage seitens anderer dieses Garn verarbeitenden Textilzweige bedingt. Die gangbarsten Sorten bewegen sich in den Preislagen von 2 sh. 2 d. bis 2 sh. 6 d. Die Verteuerung durch Verpackung, Fracht, Zoll beläuft sich auf 1½—2%.

Die wichtigste Aufgabe des Fabrikanten hinsichtlich des Rohstoffbezuges besteht darin, sich über die Lage des Marktes ständig auf dem Laufenden zu erhalten. Er muß genau über die Größe der Schur, die in Bradford zur Auktion gelangt, über die von den Spinnern gezahlten Preise und über die Nachfrage im In- und Auslande unterrichtet sein. In erster Linie hat er die Auktionsergebnisse und die Nachrichten aus dem Kap und der Türkei genau zu verfolgen.

Der Bezug der übrigen Garne, sofern sie aus England stammen, ist in derselben Weise organisiert. Der in der Moquetteweberei verwendete Weft wird sowohl in England wie in Deutschland gekauft. Die verschiedenen Baumwollgarne, die man für Grund- und Bindeketten und den Einschlag nötig hat, nämlich Sewing (zweifach gezwirnt) und Water (einfach), werden in Deutschland versponnen, und zwar in Gronau i. W., Bocholt, Rheine, M.-Gladbach, Rheydt, ferner in Chemnitz und Umgebung und in Augsburg. Sie werden von den deutschen Spinnern direkt an die Weber durch Platzvertreter abgesetzt.

Die Baumwollgarnpreise sind größeren Schwankungen unterworfen, als die des Mohärs; so sind z. B. in den letzten Jahren Extreme von 44 Pf. und 1,18 M. per 1 Pfd. engl. auf Basis 20er Water zu verzeichnen. Die Baumwolle überwiegt als Rohstoff in dem mechanisch gewebten Plüsch, weil seine Bindungen Ersparnisse in dem Verbrauch des edleren Mohärgarnes gestatten. Infolgedessen hängt von dem günstigen Baumwoll-Einkaufe für den Fabrikanten viel ab. Deckt er seinen Bedarf während einer aufwärts steigenden Konjunktur, und schlägt dieselbe plötzlich in das Gegenteil um, so gerät er leicht in Nachteil gegenüber der Konkurrenz, die billigere Abschlüsse gemacht hat. Hinzukommt, daß der den Garnmarkt sorgfältig beobachtende Großhändler jeden Rückgang der Rohstoff-Notierungen für den Preisdruck ausbeutet.

Dritter Abschnitt.

Die Produktion.

Die Plüsch- und Moquettefabrikation ist einer der interessantesten und vielseitigsten Zweige der Weberei. In Musterung und Webtechnik stellt sie die höchsten Anforderungen an den sich ihr widmenden Fachmann.

Der Fabrikationsvorgang läßt sich in folgende Teile zerlegen:

1. Vorarbeiten. 2. Musterung. 3. Weben. 4. Appretieren und Färben. 5. Pressen.

Vorarbeiten und Mustern.

Die Verarbeitungen zum Weben umfassen das Spulen, Kettenscheren und Bäumen der Garne. Das Spulen ist in dem Falle unnötig, wo die Garne auf Bobinen fertig bezogen werden. Von den Spulen werden die Garne auf einem Scherrahmen zu einer je nach Breite der Ware verschiedenen Anzahl von Kettfäden aneinander gereiht, um dann mittels der Bäummaschine auf den Kettbaum gebracht zu werden. In eiliger Zeit wird das Polmaterial bereits in Ketten geschoren bestellt, wodurch die eben erwähnten Vorbereitungsarbeiten überflüssig werden. Es hat auch noch den großen Vorteil, daß die Zahl der Knoten, die bei Polartikeln zu den meisten Webfehlern Veranlassung geben, auf das geringste Maß herabgedrückt ist. Die gebäumten Ketten werden in den Webstuhl gelegt und müssen zunächst passiert werden, d. h. jeder einzelne Faden durch das Geschirr gezogen werden. Nach dem Abweben der Ketten genügt, sofern kein Muster- oder Warenwechsel eintritt, ein Verbinden der neuen Kettfäden mit den letzten Fäden der alten Ketten. Dieser Vorgang heißt „Andrehen".

Zu den Vorbereitungen muß auch die Musterung gerechnet werden. Zum Entwerfen neuer Muster haben die großen Moquettefabriken eigene Ateliers. Die Plüschfabriken pflegen die Entwürfe von Musterzeichnern zu erwerben, die regelmäßig Neuheiten zum Verkauf anbieten. Die Muster werden auf Patronenpapier übertragen, und alsdann für die Jacquardmaschine die Karten geschlagen, was durch eigene oder Lohn-Kartenschlägereien geschieht. Nunmehr beginnt das eigentliche Mustermachen, wozu man die tüchtigsten Weber nimmt. Die

Sommermonate sind der Hauptmusterung vorbehalten, doch finden Nachmusterungen das ganze Jahr hindurch statt, um die Auswahl möglichst reichhaltig zu gestalten und nicht veralten zu lassen.

Das Weben.

Das Prinzip der Plüschweberei beruht in der Hervorbringung einer Haardecke, des Flors, auf einem Grundgewebe, in der Weise, daß von zwei verschieden straffgespannten Kettsystemen das eine das glatte Grundgewebe bildet, die locker gespannte Kette nur zeitweilig diese Webart begleitet, dafür nach mehreren Schüssen unverwebt über das Grundgewebe gehoben wird und dort als Locke, Schleife, stehen bleibt. Nach Eintragung mehrerer Schüsse in das Grundgewebe wird dies also für einen Augenblick außer Tätigkeit gesetzt, bleibt geschlossen liegen und stellt das Unterfach dar, die Polfäden werden als Oberfach in die Höhe gezogen. In das so entstandene Fach wird an Stelle eines Schußfadens eine Stahl- oder Messingrute eingewebt, über die der Polfaden als lose Locke zu liegen kommt. Wird die Rute herausgezogen, so bleibt die Schleife stehen; durch Aufschneiden treten die beiden Florteile als Fadenstummel aus dem Grundgewebe hervor, die Strucktur und Drehung des Fadens wird in zahlreiche Fasern aufgelöst, die das Bild einer zusammenhängenden Haardecke erzeugen.

Der Handplüsch.

Mit der Frage der Anordnung und Befestigung der Flornoppen im Grundgewebe ist die Webtechnik seit langem bemüht, aber zu einem ganz befriedigenden Ergebnis noch immer nicht gelangt. Der aufrechte Stand der Noppen ist die Grundbedingung für ein gutes Plüschgewebe. Der Polfaden wird nämlich bei der Bildung der Schleife aus einer geraden Linie in eine gekrümmte gezwungen; um nun zu verhindern, daß er nach dem Aufschneiden in diese Lage zurückgeht, wozu das widerspenstige Mohärgarn neigt, ist eine seitliche Stütze nötig.

Betrachten wir nach diesen einleitenden Bemerkungen zuerst die Plüschweberei auf dem Handstuhle. Handplüsche werden in der „Poldurchbindung" genannten Webart hergestellt. Die üblichste Bindung ist die Velour d'Utrecht-Bindung. Nach je zwei Schüssen folgt ein Rutenschuß, wobei jedesmal die Hälfte des Pols auf die Rute kommt. Im Handstuhle werden zwei Polketten und eine Grundkette untergebracht, und zwar der Pol über der Grundkette, so daß er schräg in das Geschirr herabläuft. Nach Eintragung des ersten Schusses geht die Polkette hoch, beim zweiten arbeiten Grund- und Polketten im Grundgewebe. Jetzt wird das Rutenfach gestellt, die aufgehenden Polfäden sind das Oberfach, während das Unterfach von der in Ruhe verharrenden Grundkette gebildet wird. In dieses Fach wird die Rute eingeschossen; um sie tritt die Polkette beim nächsten Fachwechsel wieder ins Unterfach zurück, wobei einer der Grundfäden hoch geht, und zwar derselbe, wie beim vorhergehenden Schusse, so daß im Grunde zwei Schüsse in dasselbe Fach fallen und den Polfaden festquetschen. Zur Erzielung eines guten Schnittes wird das Schußmaterial naß verwebt. Die beiden Schüsse pressen sich dicht zusammen und verleihen der Plüschnoppe einen sicheren und festen Stand. Die Rute wird flach in das Polfach gelegt, stellt sich beim ersten Schuß in die Höhe und wird durch den zweiten Schuß noch fester eingewebt. Der Handweber benutzt meistens drei Ruten hintereinander. In der Rute ist oben eine kleine Rinne eingelassen, welche einem Messer als Führung dient. Dieses Messer, auch Dregett genannt, schneidet die über der Rute liegende Schleife auf.

Mechanischer Rutenplüsch.

Die mechanische Plüschweberei verwendet zwei verschiedene Typen von Webstühlen, den Rutenstuhl und den Doppelstuhl. Bei dem ersteren wird der Flor ähnlich wie in der Handweberei, durch Ruten erzeugt und die Herstellung eines glatten Plüsches ist in derselben Bindung und Güte auf ihm möglich. Da der glatte Rutenplüsch gegenüber dem Doppelplüsch konkurrenzlos geworden ist, so verwendet man ihn nur für besondere Zwecke, wo auf große Haltbarkeit Wert gelegt wird, z. B. zur Polsterung der Eisenbahnwaggons. Der Rutenstuhl wird in der Hauptsache für Jacquard- oder façonierte Plüsche und Moquette benutzt, erfordert also stets eine Jacquardmaschine. Der wichtigste Teil beim Rutenstuhl ist die Vorrichtung, die das mechanische Einstecken und Herausziehen der Ruten bewirkt. Das gemeinschaftliche Prinzip aller Rutengangsysteme, die im Gebrauch sind, ist folgendes: Das Durchschneiden der Polschleifen geschieht nicht von oben, sondern durch ein am Ende der Rute angeschmiedetes Messer, das beim Herausziehen die Florfäden trennt. Das Einlegen und Ausziehen erfolgt durch ein Schloß, ein muschelartiges Mundstück, das einen an der anderen Seite der Rute befestigten und durchlöcherten Kopf (Schild) ergreift, die Rute in eine Gleitschiene, den Schlitten, bringt und sie vor ein geöffnetes Fach führt. 15 bis 50 Nadeln sind gleichzeitig tätig, die letzte wird immer herausgezogen und vorn wieder eingewebt. Um ein Heißlaufen der Messingstäbchen und ein Versengen des Flors zu vermeiden, werden sie mit Petroleum eingefettet. Außer Schnitt- sind auch Zugruten ohne Schneidemesser im Gebrauch. Der über sie gewebte Polfaden wird nicht aufgeschnitten, sondern bleibt als Noppe stehen. Mit beiden Rutenarten gewebte Plüsche heißen „Frisé“. Sie zeichnen sich durch größere Farbmannigfaltigkeit aus, weil die unaufgeschnittenen Noppen infolge der Lichtwirkung einen dunkleren Ton ergeben; man erhält deshalb bei Zug- und Schnittware doppelte Farbeneffekte.

Die verschiedenen Mechanismen des Rutenganges werden durch Exzenterscheiben bewegt.

Außer der Rutenbehandlung weist der mechanische Stuhl, sofern er für Jacquardplüsch gebraucht wird, eine völlig andere Anordnung der Polketten auf. Wegen der ungleichen Einarbeitung des Polmaterials bei der Muster- und Florbildung müssen die Polfäden auf einzelne Rollen gespult werden, liegen also nicht vereinigt auf einem Baume. Diese Rollen sind in einem Gestell, dem Kanter, untergebracht und werden durch Bremsungen straff gehalten, damit die Fäden, welche die Rute liegen läßt, nicht locker werden.

Die früher üblichen Tieffachstühle sind von den Hochfachstühlen verdrängt worden, bei welchen Rute und Schuß gleichzeitig in ein und dasselbe Fach eingetragen und ein schnelleres Arbeiten des Stuhles erzielt wird.

Die Musterung wird entweder durch den Flor oder durch den glatt gewebten Grund gebildet, im letzteren Falle spricht man von fondgemusterten Plüschen. Die nicht zum Flor verwendeten Polfäden arbeiten im Grundgewebe, welches bei der Färbung eine andere Nuance, als die mit Flor bedeckten Teile, erhält. Höhe und Länge der Ruten sind je nach Florhöhe und Breite der Stühle verschieden. Bei ganz breiten bedient man sich zweier Ruten, die von beiden Seiten eingesteckt werden.

Doppelplüsch.

Die Herstellung des glatten Plüsches ist mit wenigen Ausnahmen eine Domäne des Doppelstuhls geworden, ein so gewebter Plüsch heißt „Doppelplüsch“. Dieser ist mit dem Handgewebe in seiner Haltbarkeit nicht zu vergleichen, höchstens ist sein Aussehen infolge der dichteren Haardecke schöner. Die Ursachen der Überlegenheit des Handplüsches liegen in der Bindung. Sie werden in Poldurchbindung gewebt, das bedeutet, der Polfaden wird durch mehrere Schüsse im Grundgewebe festgehalten und kann nicht herausgezogen werden. Die Anwendung der Poldurchbindung auf Doppelstühlen ist bislang nicht gelungen und bildet das wichtigste Problem der mechanischen Plüschwebtechnik. Auf dem Doppelwerke ist nur die „Polaufbindung“ möglich, bei welcher der Polfaden sich um einen Schuß schlingt, unter einem Schusse in das Grundgewebe einbindet und dann wieder nach oben frei heraustritt.

Polaufgewebte Plüsche sind wegen ihrer geringen Haltbarkeit nur zu Dekorationen, Kleiderbesatz usw. zu gebrauchen, bei denen kein Druck auf die Flornoppen ausgeübt wird; nicht aber für Polsterzwecke, wo die Gefahr des Durchdrückens der Polfäden auf der Rückseite besteht.

Angesichts der technischen Schwierigkeiten war das Erscheinen des bereits erwähnten Listerschen Patentes von epochemachender Bedeutung. Die deutschen und ausländischen Patente fußen alle auf Lister. Nach dem Erlöschen des Patentes im Jahre 1902 haben die meisten Fabrikanten diese Bindung übernommen oder wenden sie neben eigenen an. Lister löste, die Schwierigkeiten der Bindung umgehend, das Problem durch eine Deck- oder Riegelkette, die das Grundgewebe verstärkt und ein Heraustreten der Flornoppen nach rückwärts verhindert. Ein großer Vorzug, wenigstens für den Fabrikanten, besteht in dem geringen Verbrauch des teueren Mohärs.

Die Fabrikation des Doppelplüschs ist folgende: Man stelle sich zwei Plüschgewebe vor, die ihre Florseite gegeneinander kehren, so daß die beiden Grundgewebe nach außen kommen, das eine nach oben, das andere nach unten, während der Flor dem Blicke entzogen ist. Die Polfäden gehen von der Ober- zur Unterware und verbinden sie, wie wenn man zwei Zeugstücke zusammennäht. Ruten werden nicht benutzt. Anstatt um eine solche zu gehen, tritt der Polfaden aus dem Unterwerk zwischen zwei Schüssen heraus, geht zum Oberwerk, wird dort verbunden und kehrt zu seinem Ausgangspunkte zurück. Der Pol bindet durch Ober- und Unterwerk abwechselnd; während die Schäfte der Unterware[1] arbeiten, stehen die der Oberware still und umgekehrt.

Da beide Gewebe zueinander streben, bildet sich zwischen ihnen aus der lockeren Polkette der Flor. Die Höhe des Flors wird durch einen Polregulator bestimmt, der dem Gewebe beliebige Mengen des über zwei Walzen laufenden Polmaterials zuführt, auch die Schußzahl gibt ein Regulator an. Alsdann muß das Gewebe in zwei Teile getrennt werden, was in der Weise geschieht, daß die fertige Doppelware über einen Tisch an einen Schneideriegel weiterrückt, in dessen Rinne ein mit einem kleinen flachen Messer versehener Schlitten gleitet. Das Messer kann genau zwischen den beiden Geweben eingestellt werden und schneidet den die Ober- und Unterware verbindenden Flor in der Mitte durch, so daß auf beiden Teilen die Hälfte stehen bleibt. Jedes Gewebe wird nun von Nadelwalzen abgezogen. An den Seiten der Schneidebank befindet sich ein Schleifstein, auf dem das Messer sich selbsttätig schärft.

Die Doppelwerke werden in zwei Arten gebaut, als ein- und zweischüssige, und zwar für einfache, doppelte und dreifache Breiten nebeneinander. Ein einfacher Stuhl webt zu gleicher Zeit 2 m Ware, eine Unter- und eine Oberware, ein doppelbreiter 4 m, ein dreifacher 6 m. Zweischüssige (Doppelspuler) sind am leistungsfähigsten, da für Unter- und Oberware ein besonderer Schützen vorhanden ist.

Die Schwierigkeiten in der Bedienung des Doppelplüschstuhls liegen in dem Umstande, daß der Weber die Unterware nicht ganz sehen kann, Kett- und Schußbrüche daher nur durch seitliches Beobachten mit Mühe festzustellen sind. Die größte Aufmerksamkeit muß der Arbeiter dem Messer schenken; ist es abgeschliffen, so schneidet es den Flor leicht unregelmäßig durch.

---

[1] Unter Schaft versteht man die Einrichtung, die das Heben und Senken der Fäden zur Bildung des Faches, in welches die Schüsse geworfen werden, besorgt.

Moquette.

Bei der Betrachtung der Moquettefabrikation können wir uns kürzer fassen, da sie mit der des Plüsches große Ähnlichkeit hat. Der wichtigste Unterschied liegt in der Garnbehandlung, wie schon einleitend gesagt ist. Plüsche werden aus rohen Polketten gewebt und erst im Stück gefärbt, bei Moquetten dagegen müssen die Ketten vor dem Weben im Strang gefärbt sein. Die Mohärfaser eignet sich ihrer Härte wegen nicht zur Strangfärbung, die Farbe dringt in sie nicht ein, so daß die geschnittenen Spitzen weiß erscheinen würden.

Die Moquette sind mehrfarbige Plüsche, lassen eine reichere Musterung zu, sind dafür aber viel komplizierter zu arbeiten. Das Polmaterial ist hartes Kammgarn, Weft.

Die Moquette werden auf Ruten- und auf Doppelstühlen hergestellt. Die Verschiedenartigkeit der Fabrikation bedingt auch große Qualitätsunterschiede. Stellen wir uns einen vierfarbigen („vierchorigen") Moquette vor, so entsteht er in der Weise, daß eine Farbe immer nur Flor bildet, die anderen 3 „tot oder blind" im Grundgewebe liegen. Bei Benutzung von Zugruten erhält man ein Gewebe in 8 Farbtönen. Friséeffekte sind nur beim Rutenmoquette zu erzielen, nicht beim Doppel-Jacquard-Moquette; der Doppelstuhl arbeitet ja ohne Ruten, und der ganze Flor wird bei der Durchtrennung der übereinander liegenden Waren aufgeschnitten. Hier werden zwei Farben in die Ober- und zwei in die Unterware gelegt. Die Florbildung geschieht nun dadurch, daß der obere Pol nach unten und der untere nach oben arbeitet; infolgedessen liegen immer nur 1 oder 2 Fäden blind in der Ware. Die Rutenmoquette sind besser und viel teurer, weil schwerer und dichter.

Die Anordnung der Fäden ist dieselbe wie beim Rutenplüsch. Sie sind sämtlich auf einzelne in ein Kantergestell gelagerte Rollen gespult. Will man z. B. einen Moquette aus 800 Kettfäden und 4 Farben zusammensetzen, so sind $4 \times 800 = 3200$ Rollen nötig, je 800 bilden einen Chor. Die Polfäden werden durch Litzen gezogen, welche durch Kordeln (Platinen) mit der Jacquardmaschine in Verbindung stehen. Das Heben und Senken derselben und damit der an ihnen hängenden Kettfäden bewirkt automatisch die über dem Webstuhl angebrachte Jacquardeinrichtung. Bei vielchörigen Moquetten sind 8—10000 Rollen und mehrere Jacquardmaschinen erforderlich. Derartige Webstühle mit ihrem Fadengewirr und ihren gewaltigen Abmessungen sind für den Laien ein geradezu überwältigender Anblick.

Kleingemusterte Moquette werden ohne Jacquard, nur mit einer Schaftmaschine gewebt.

Druckmoquette.

Ein anderes Musterungsverfahren hat der Druckmoquette, das Gegenstück des Tapestryteppichs, bei welchem das Muster vor dem Weben auf die Kette gedruckt wird. Die einzelnen Fäden werden auf eine Trommel gewickelt, deren Umfang der Fadenlänge eines Musters entspricht. Unter der Trommel läuft auf Schienen ein Farbkasten, in welchem sich eine Rolle bewegt und mit ihrer unteren Hälfte in die Farbe taucht. Führt man den Wagen unter der Trommel hinweg, so überträgt die Rolle ihre Farbe auf die Fadenwickelung. Nach und nach werden alle Noppen einer Farbe gedruckt; darauf wird der Faden abgenommen und mit Nr. 1 bezeichnet. Ebenso behandelt man alle anderen Fäden. Alsdann wird das Garn getrocknet, auf numerierte Spulen gewickelt, gebäumt und auf Ruten oder Doppelstühlen verwebt. Zu beachten ist, daß Druckmoquette Muster mit ungenauen, verschwommenen Rändern haben. Die Musterung erscheint in 6- bis 7facher Vergrößerung auf den Kettfäden, durch das Weben zieht sie sich zusammen.

Appretur und Färbung.

Nach dem Webprozeß bedürfen die Plüsche und Moquette zu ihrer Vollendung noch der Appretur und Färbung.

Die Appretur der Moquette erstreckt sich auf Scheren, Dämpfen und Ausnähen. Man läßt die Stücke im nassen Zustande über heiße Trommeln laufen, wodurch sich die Polfäden gleichmäßig und dicht aufrichten. Darauf werden sie zur Beseitigung von Unebenheiten im Flor auf einer Schermaschine geschoren, und Fehlstellen durch Ausnähen nach Möglichkeit verdeckt.

Die Behandlung der glatten und gemusterten Plüsche weicht in der Färbung voneinander ab. Die das Grundgewebe bildenden Baumwollgarne werden vor dem Weben gefärbt, und zwar in zwei Farben, blau oder rot. Rote Vorfärbung findet statt, wenn der Mohärplüsch in Farben wie Kupfer, Gold, Fraise gehalten werden soll, blaugründige dagegen für die Farben oliv, blau, grün und schwarz. Das Färben dieser glatten Plüsche geschieht in kochender Flotte, unter Zusatz von Schwefelsäure und Glaubersalz, mit sauren Farbstoffen.

Vor dem Färben kommt die Ware in einen Dampfkasten und wird unter 5 Atmosphären-Druck darin $^3/_4$—1 Stunde gelassen. Nach Erkalten sind die Gewebe fähig, die verschiedenen Farbmanipulationen durchzumachen. Die kochende Farbmischung befindet sich in Holzkufen, über die eine Haspel angebracht ist. Das mit beiden Enden verbundene, auf ihr befestigte Stück wird infolge der Drehung fortwährend durch die Brühe gezogen. Nach dem Färben werden die Plüsche zum „Schönen“, d. h. Reinigen, in einer schwachen Kampecheholzlösung behandelt, dann mit klarem Wasser gespült, worauf durch Abquetschen oder Schleudern das Wasser entfernt, und die völlige Trocknung in heißen Räumen während der Nacht erreicht wird.

Der Färbung folgt der Scherprozeß: Nach einer Reinigung mit der Bürstmaschine wird die Ware auf eine Schermaschine gebracht, wo sie durch langsames Abscheren endgültig fertig wird. Bei geringen Sorten ist noch, um die Ware fester zu machen, auf der Rückseite eine leichte Appretur mit Leim und Dextrin oder Glaubersalz nötig.

Wird bei den glatten Plüschen nur der Flor gefärbt (das rot und blau vorgefärbte Grundgewebe nimmt natürlich im Hauptfarbprozeß die Farbe des Flors an), so ist die Färbung der Jacquardplüsche eine doppelte. Zunächst färbt man den Flor, darauf findet eine Beize in Gerbstoff statt, den man durch Antimon fixiert. Nach einer leichten Einfärbung des Grundgewebes beginnt die eigentliche Färbung des ganzen Stückes in einer neuen Mischung, wobei darauf zu achten ist, daß Flor und Kette Ton in Ton stehen.

Nach dem Färben und Appretieren unterzieht man die Plüsche einer Durchsicht, schneidet hervorstehende Fadenteilchen ab und näht die Fehlstellen aus. Damit sind sie versandbereit.

Das Pressen.

Zur primitivsten und billigsten Erzeugung von Mustern, in vielen Fällen auch zur Verdeckung von Webfehlern, wendet man das Preßverfahren an.

Die zu pressenden Plüsche läßt man zwischen zwei Walzen hindurchgehen, von denen die eine mit einem Muster graviert und im inneren Kern erhitzt ist. Durch Ausübung eines sehr starken Druckes wird der Flor von den nicht vertieften Flächen der Walze niedergedrückt. Walzendruck, sowie Hitze müssen sorgfältig reguliert werden; bei Bestimmung der letzteren verläßt sich der Arbeiter mehr auf seinen Geruchsinn, als auf Instrumente. Nach dem Pressen werden die Plüsche mit Leim appretiert, getrocknet und gedämpft, damit der nicht gepreßte Flor sich wieder erhebt.

Diese minderwertige Musterung ist am üblichsten bei Tischdecken, weniger bei Bezugstoffen, weil Druck, oft auch Feuchtigkeitsgehalt der Luft, die Figuren leicht verwischen.

Die unter dem Begriff „Möbelplüsche" zusammengefaßten Erzeugnisse werden in verschiedenen Arten und Größen für die Zwecke der Dekoration oder des Bezugs angefertigt. Baumwoll- und Leinenplüsche verarbeitet man zu Portieren und Lambrequins, für Tisch-, Divandecken und Kissenbezüge nimmt man sowohl Mohärplüsch, wie Moquette, und zwar werden die Portieren gewöhnlich aus glatten Plüschen hergestellt und je nach der Mode mehr oder weniger bestickt. Die Musterung von Tischdecken und Kissenbezügen geschieht bei glatten Plüschstoffen durch Pressen oder Besticken. Zu Divandecken pflegt man Moquette zu benutzen.

Die zu Bezügen dienenden Plüsche und Moquette werden als Stückware in Längen von 40—60 m, je nach Ablauf der Kette, gewebt, 60, 90 und 130 cm breit, und meterweise verschnitten. Außer Stückware sind abgepaßte Garnituren, „Sitz- und Lehnware", sehr gebräuchlich und werden zu Stuhlsitzen, Sofasitzen und -lehnen verarbeitet, der mittlere Teil gemustert, die Umrahmung glatt. Diese Bezüge sind auch unter den Namen „Plüsch- und Moquettetaschen" bekannt; die letzteren heißen in ganz schwerer Qualität Tournay-Taschen, im Handel meistens Kameltaschen, eine Bezeichnung, die an die orientalische Sitte erinnert, als Satteldecken auf Kamelen kleine Teppichgewebe, mit Taschen versehen, zu verwenden.

Die Qualitäten werden durch verschiedene Faktoren bestimmt. Die Güte des Mohärplüsches ist abhängig von dem Mohärgarn, das in zahlreichen Sorten zur Verarbeitung gelangt, ferner von der Bindung, wovon die Menge des Mohärs und die Festigkeit der Noppen beeinflußt wird, endlich von der Dichte des Gewebes, die nach Rietfeinheit und Schußzahl schwankt. Diese Verhältnisse sind Geschäftsgeheimnis des Fabrikanten und können nur vom Fachmann durch Untersuchung mittels Lupe festgestellt werden. Die einzelnen Qualitäten werden daher durch beliebig gewählte Namen unter Zusatz einer Nummer gekennzeichnet, in den Handel gebracht.

Eine besondere Stellung kommt dem Eisenbahnplüsche zu, denn er muß sehr dauerhaft und gut gearbeitet sein. Die Eisenbahnverwaltungen aller Länder haben für seine Fabrikation genaue Vorschriften erlassen.[1] Die preußischen Staatsbahnen verwenden für die Bezüge der Wagenabteilsitze und -lehnen zwei Sorten, rote Mohärplüsche in der ersten Klasse, die in feiner Qualität durch ihren Glanz einen vornehmen Eindruck machen, in der zweiten Klasse wegen der stärkeren Benutzung Weftplüsche, seit neuerer Zeit gestreift und geflammt, in graubraunen Farbtönen. Plüsche mit Friséeffekten werden von ausländischen Schlafwagengesellschaften gebraucht.

Der Aufbau des Warenpreises ist aus folgenden Kalkulationen der Hand- und mechanischen Weberei ersichtlich.

50 Meter 700er Mohärplüsch glatt Handware.

Polkette: 2 Warps à 350 Fäden 2/32 Mohär, Waud Nr. 50		
26 Pfd. à 2 sh. 2 d.		Mk. 57,46
Fracht		„ 1,—
Grundkette: 22er Leinen 3,250 kg, à 2 Mk.		„ 6,50
Schuß: 14er Water 8 Pfd. engl., à 0,89 Mk.		„ 7,12
Winden- und Scherlohn		„ —,60
Weblohn 50 m à 56 Pf.		„ 28,—
Farblohn für 8 Pfd. Water à 12 Pf.	Mk. —,96	
„ „ 3,25 kg Leinen à 24 Pf.	„ —,78	
„ „ 49 m Leinen à 20 Pf.	„ 9,80	„ 11,54
Kleine Unkosten		„ 3,—
		Mk. 115,22

[1] In Deutschland bestehen folgende Vorschriften für die Fabrikation des Eisenbahnplüsches 1. Leinene Kette; 2. dreifache Bindung (Poldurchbindung); 3. echte Färbung, und zwar wasch-, licht- und namentlich schweißecht; 4. Gewicht und Fadenzahl ist genau festgesetzt: 1 qm Mohärplüsch muß 530—580 g wiegen, davon 60% Mohärmaterial; 1 qm Weftplüsch muß 410—450 g wiegen, davon 50% Wolle. Die Zahl der Kettfäden muß sein: bei Mohärplüsch pro qcm 13—15, die Zahl der Doppelschüsse 14—15; bei Weftplüsch pro qcm 11—12, die Zahl der Doppelschüsse 13—14, bei einer Florhöhe von 2—$2^1/_2$ mm über dem Grundgewebe. 5. Gefordert wird Indifferenz gegen Reinigungsmittel, speziell Salmiakgeistlösung. Die Farben dürfen nicht leiden durch vielfache Behandlung mit einer $^1/_{10}$ Normal-NH^3-Lösung bei 20° C.

Gestehungskosten von 1 m = Mk. 2,35.

Anteil von

Rohmaterial	Mk.	73,82	= 64,2%
Löhne	„	28,60	= 24,9%
Appretur	„	9,80	= 8,4%
Unkosten	„	3,—	= 2,5%
	Mk.	115,22	= 100%

240 Meter 1150er Mohärdoppelplüsch glatt
2 × 60 cm breite Ware.

Polkette: 2/32er Taylor Nr. 1848, 30er Polrad, 56 Schuß 30 kg à 4 Mk.	Mk.	120,—
Fracht und Versicherung	„	6,—
Deckkette 70 m, Bindekette 68 m } 2/30er Sewing, 27 kg à 2,58	„	69,66
Schuß: 10er Water, 24 kg à 2 Mk.	„	48,—
Scherlohn für Pol	„	4,15
„ „ Deck- und Bindekette	„	2,—
Weberspesen für Andrehen usw.	„	15,—
Weblohn für 1 m 12 Pf. (d. h. für 4 gleichzeitig fertig werdende Meter 48 Pf.)	„	28,80
Putzlohn	„	3,—
Farblohn 240 m à 17 Pf.	„	40,80
Verpackung, kleine Unkosten	„	15,—
	Mk.	352,41

Anteil von

Rohmaterial	Mk.	243,66	= 69,2%
Löhne	„	49,95	= 14,2%
Appretur	„	43,80	= 12,4%
Unkosten	„	15,—	= 4,2%
	Mk.	352,41	= 100 %

Gestehungskosten:

1 m	Mk.	1,47
Fabrikspesen und Unternehmergewinn 20%	„	0,294
Verkaufspreis	Mk.	1,764

Die Vergleichung dieser Kalkulation zeigt, daß, abgesehen von den Preisunterschieden in den Garnqualitäten, die mechanische Ware 5% Rohmaterial mehr erfordert. Dieser Mehrbedarf entfällt auf die Baumwolle der Deckkette, während Mohärgarn weit weniger in Polaufbindung gebraucht wird.

Am augenfälligsten ist die Verbilligung der Arbeitslöhne durch den Doppelstuhl. Zu demselben Lohne, der in der Handweberei für 50 m gezahlt werden muß, stellt der mechanische Stuhl 240 m her.

Die in der Differenz von 10,9 % zum Ausdruck kommende ersparte menschliche Arbeitskraft muß von der Maschine, dem stehenden Kapital des Unternehmers, geleistet werden.

Der wichtigste Faktor in der Preiszusammensetzung ist das Rohmaterial, hinter dem der Lohn bedeutend zurücktritt; eine Erhöhung von 10 % im Rohmaterial würde die Ware um 7 % verteuern, eine solche im Lohne dagegen nur um 1,42 %. Für den Fabrikanten liegt der Schwerpunkt in dem Verhältnis der Fabrikspesen zum Umsatz. Je höher der Umsatz, desto größer wird der Anteil des Unternehmergewinns an dem Aufschlage von 20 %. Hingegen können bei einer Einschränkung der Produktion die Spesen den Gewinn absorbieren.

Die Verteuerung, die das Erzeugnis im Großhandel erfährt, wird auf 25 % bei Stapelware und $33^1/_3$% bei Modeware angegeben. Aus der Hand des Weiterverarbeiters gelangt es mit einem Aufschlage von mindestens 50 % an den Letztkonsumenten.

Vierter Abschnitt.

Die Gliederung der Industrie und ihre Mittelpunkte.

Die Plüsch- und Moquetteindustrie entbehrt der Einheitlichkeit, ein vielgestaltiges Bild tritt uns entgegen, wenn wir die dieser Branche sich widmenden Fabriken überschauen. Für ihre Gliederung sind folgende Gesichtspunkte maßgebend gewesen:

1. Berufliche Arbeitsteilung.
2. Zweckmäßigkeit, bedingt durch gleiche Verwendungsart der Erzeugnisse.
3. Aufnahme infolge technischer Verwandtschaft.
4. Zusammenfassung aller Erzeugnisse mit gemeinsamer technischer Grundlage.

Es bestehen daher

1. Spezial-Mohärplüschfabriken (Bielefeld, Freckenhorst, Rheinland), Spezial-Moquettefabriken (Elberfeld), Mohärplüsch- und Moquettefabriken (Elberfeld-Barmen).
2. Die mit der Möbelstoffindustrie verbundene Fabrikation von Moquetten und Dekorationsplüschen (Chemnitz, Elberfeld-Barmen).
3. Moquettefabrikation im Anschluß an Teppichweberei (Barmen, Adorf, Ölsnitz, Wurzen, Wehr i. Baden, Düren).
4. Fabrikation sämtlicher Florgewebe (Lausigk, Kulmbach).

Die ganze zerstreut angesiedelte Industrie einzeln oder statistisch zu behandeln, ist nicht möglich; deshalb seien nur die Mittelpunkte einer näheren Betrachtung unterzogen.

Die Eigenart derselben wird am besten durch Gegenüberstellung ihrer Produktion gekennzeichnet.

In der Mohärplüschfabrikation müssen wir Bielefeld und Kulmbach den ersten Platz einräumen. Sie pflegen die Herstellung von glatten und fassonnierten Plüschen mittlerer Qualität, von Decken, sowohl gemusterten, gepreßten, wie von Krimmerdecken; daneben hat man Druckmoquette aufgenommen. Außer diesen beiden Orten ist Elberfeld für die Mohärplüschweberei bedeutend, in feinen Ruten- und Friséplüschen steht es an der Spitze. Der hohen Löhne und teuren Lebensverhältnisse wegen ist die Fabrikation des glatten Plüsches nach auswärts verlegt, in Form von Filialfabriken nach Burscheid, Haan und Dülken. Einige Fabrikanten haben sich von Elberfeld losgelöst und in Dülken, Wermelskirchen, Erckrath und anderen kleinen Orten niedergelassen.

Die Moquetteindustrie hat ihre wichtigsten Standorte in Elberfeld-Barmen und Chemnitz. Im Wuppertale fabriziert man nur feinste Jacquardmoquette mit und ohne Frisé, Chemnitz herrscht in Druck-, Schaft-, Doppeljacquardmoquetten und ist die einzige Stätte für Leinen- und Baumwollplüsch.

In Bielefeld, Kulmbach, der rheinischen Landindustrie überwiegen die Spezial-Plüschfabriken, in Chemnitz und Elberfeld-Barmen besteht Vereinigung mit Möbelstoffweberei. Auch auf diesem Gebiete behaupten die rheinischen Städte ihre Überlegenheit hinsichtlich der Qualität, sie vermögen in Gobelins und anderen Luxus-Möbelstoffen mit der französischen Industrie zu wetteifern. Außer Barmen-Elberfeld leisten einige Teppichfabriken Hervorragendes auf dem Gebiete der Moquetteweberei. Dagegen betreibt Chemnitz wieder die Massenproduktion von mittleren und billigen Stapelwaren.

Die Decken- und Portièrenkonfektion in Chemnitz.

Die überragende Bedeutung von Chemnitz in der Möbelstoffbranche rechtfertigt ein näheres Eingehen auf diesen Platz.

In dem geschichtlichen Teile der Arbeit ist gesagt worden, daß die Moquetteweberei um 1890 in die Möbelstoffindustrie von Chemnitz eingereiht wurde. Es ist das Wesen der Chemnitzer Industrie, jede auf dem Markte erscheinende Neuheit aufzugreifen und in Massen zu erzeugen. Chemnitz hat lange Zeit den Ruf genossen, jeden Modeartikel dadurch, daß es ihn, der Größe der Industrie entsprechend, in gewaltigen Mengen auf den Markt warf, bald aus der Mode gebracht zu haben. In gewissem Sinne ist das noch jetzt der Fall, wie denn Massenerzeugung das Merkmal dieses Platzes ist. Ein Umschwung hat sich aber in den letzten Jahren insofern gezeigt, als man besseren Qualitäten mehr Aufmerksamkeit schenkt; selbst feinste Waren liefern die dortigen Webereien.

Dank der Moquettemode beansprucht dieser Artikel unter den Erzeugnissen den ersten Platz. Die Moquettefabrikation ist in die Möbelstoffindustrie eingebettet und entzieht sich daher der statistischen Erfassung. Von den 30 Webereien kommen vielleicht 24 für Veloursstoffe in Frage, und es ist schwer ihre verwickelte Gestaltung und Vielseitigkeit, die von Spezialisierung auf ein Gewebe durch alle denkbaren Variationen bis zur Erzeugung sämtlicher Stoffe für die Wohnungsdekoration fortschreitet, in eine gemeinsame Formel zu bringen. Alle Fabriken weben grundsätzlich glatte Möbelstoffe wie Damaste, Ripse, Kochelleinen, Gobelins, die meisten auch Druck-, Schaft- und Jacquardmoquette, nur 2 Firmen Leinen- und Baumwollplüsche. Auf Moquette sollen 60 % der ganzen Produktion entfallen.

Eine Besonderheit von Chemnitz liegt, abgesehen von den Bezugsstoffen, als welche augenblicklich Moquette und Gobelins vorherrschen, in der Bevorzugung von Dekorationsstoffen, wie Portièren und Tischdecken; 2 Webereien haben sich ganz auf dieses Gebiet spezialisiert. Zusammen mit den Nachbarorten Hohenstein-Ernstthal und Lichtenstein-Callenberg, wo nur billige Tischdecken fabriziert werden, hat Chemnitz die Führung auf dem Markte der Behangstoffe, um so mehr, als es der Mittelpunkt ihrer Konfektion geworden ist. Die Webereien fabrizieren nur glatte Stoffe, Moquette, Leinen- und Baumwollplüsche, müssen also andere Grundstoffe wie Mohärplüsche, Tuche und Filze hinzukaufen.

Die 1890 aufkommende Mode, Dekorationsstoffe zu besticken, war die Veranlassung zu einem neuen Industriezweige von Chemnitz, der Tambourierstickerei. Als Großkonsument von Mohärplüschdecken verdient diese aus der Möbelstoffweberei herausgewachsene Konfektion eine kurze Schilderung.

In die Deckenkonfektion teilen sich die Möbelstoffwebereien mit den Grossisten. Die Zahl der ersteren beträgt zurzeit neun. Ihr Geschäftsbetrieb ist Fabrikation, verbunden mit Konfektion selbstfabrizierter und gekaufter Stoffe. Der Hauptverdienst fließt ihnen aus der Eigenproduktion zu; der Handel mit zugekauften Plüsch-, Tuch- und Leinendecken dient bei den jetzt sehr gedrückten Preisen oft lediglich dazu, die Höhe ihrer Spesen zu vermindern.

Der Möbelstoffgroßhandel ist in Chemnitz mit 30 Firmen vertreten, wovon 9 sich der Deckenkonfektion bemächtigt haben. Eine erste Firma soll allein einen Umsatz von 4 Millionen Mark jährlich erzielen. Die Grossisten beziehen die Grundstoffe aus zahlreichen heimischen und auswärtigen Fabriken, konfektionieren sie und geben sie an Grossisten in Berlin, mehr aber noch an Warenhäuser und Manufakturwarengeschäfte weiter. Zumal die Plüschdecke ist einer der größten Warenhausartikel geworden.

Die Konfektionierung geschieht durch die Tambouriermaschine, eine von dem Franzosen Cornelly erfundene Kurbel-Stichmaschine, die sowohl Schnuren-, wie Kettenstich hervorbringt und als Rohmaterial Filingarn in allen Farben verarbeitet. Man konfektioniert Tischdecken, Portièren und Kissenbezüge. Die Mode wechselt hierin sehr häufig. Als Grundstoff ist Kochelleinen jetzt der große Artikel, während Plüsche in Decken mit gepreßten Mustern, deren Konturen durch Besticken verschärft werden, den Markt überschwemmen.

Die Chemnitzer Konfektionsindustrie, erst 15 Jahre alt, ist noch zu sehr im Werden begriffen, als daß sie endgültige Form angenommen hätte. Sie tritt als Eigen- und Lohnindustrie auf. Die 9 Deckenfabriken und 4 Grossisten konfektionieren selbst, durchschnittlich mit 20 Tambouriermaschinen, nur 1 Grossist beschäftigt deren 100. Die Lohnstickerei scheint aber, nach dem jetzigen Entwicklungsgange zu urteilen, als die für Fabrikanten und Grossisten wirtschaftlichere Form die Oberhand zu gewinnen. Sie ist auf 25 Betriebe angewachsen, von denen 20 mit 10—20 und 5 mit 20—50 Stickmaschinen arbeiten. Die Zahl der Kleinbetriebe mit 1—5 Maschinen ist in ständiger Zunahme begriffen und wird auf mehrere Hundert geschätzt, was dem die Straßen von Chemnitz Durchwandernden beim Anblick der vielen Schilder mit der Aufschrift „Stickerei für Innendekoration" glaubwürdig erscheinen muß.

Die Tambourierstickerei ist ohne Ausnahme Frauenarbeit, in den kleinen Betrieben meist als Nebenverdienst angesehen; in den von Unternehmern geleiteten größeren Betrieben werden die Arbeitskräfte von jungen Mädchen gestellt.

Wendet man sich dem gegenseitigen Verhältnis und den Funktionen der an der Deckenkonfektionierung beteiligten Unternehmungen zu, so ist die Tendenz einer Abstoßung der Eigenkonfektion und einer Verdrängung der größeren Lohnstickereien zugunsten der Kleinbetriebe festzustellen. Die Fabrikanten besonders beginnen die Zahl ihrer Tambouriermaschinen einzuschränken durch Verkauf an kleine Lohnsticker, einmal aus Mangel an Platz, dann aber, weil unter der wachsenden Konkurrenz die Heimarbeiter für sie billiger sticken. Die Beschäftigung der großen Lohnstickereien hat für sie den Vorteil, daß sie die von diesen gelieferten Muster zur Vervollständigung der eigenen Auswahl benutzen. Diese Großbetriebe stellen in ihren Ateliers jährlich 4mal Muster her, etwa 500, legen sie den Konfektionären zur Ansicht vor und erhalten, wenn die Entwürfe bei den Abnehmern gefallen, größere Aufträge darauf. Der Sticklohn, der pro Stück gezahlt wird, enthält also die Vergütung für die Muster und für das vom Sticker gelieferte Garn. Zur raschen Erledigung großer Aufträge ist die Lohnstickerei für die Konfektionäre unentbehrlich, kann doch z. B. ein Großbetrieb 100 Garnituren in einem Tage tambourieren. Ihre Weiterentwicklung scheint aber gehemmt zu werden durch die Vermehrung der Einzelheimarbeit und den damit Hand in Hand gehenden Rückgang der Sticklöhne. Den Versuchen, das Arbeitsfeld durch Annahme auswärtiger Aufträge zu erweitern, treten die Chemnitzer Konfektionsfirmen, so bald sie davon Kenntnis erlangen, mit allen Mitteln entgegen. Unter diesen Umständen hat sich der erste Lohnsticker vor kurzem in einen Grossisten verwandelt.

Die glänzenden Zeiten der Tambourierstickerei sind offenbar vorbei, die einzelnen zu schnellem Wohlstand verhalfen. Abzahlungsgeschäfte ermöglichen die Anschaffung einer Tambouriermaschine, die 300 Mark kostet, auch dem Ärmeren. So wird sich hier immer mehr die Einzelheimarbeit entwickeln, wozu in der mit der Textilindustrie eng verwachsenen Großstadtbevölkerung der günstigste Boden vorhanden ist. Die Konfektionäre beginnen auch schon im Erzgebirge, so in Annaberg, Buchholz und Eibenstock sticken zu lassen.

Die Maschinen sind Eigentum der Lohnsticker selbst, das Zwischenmeistersystem ist in der Hauptsaison zu beobachten, wo einige der größten Lohnsticker Reservemaschinen außerhalb ihrer Werkstätte beschäftigen.

Durchschnittlich werden 15—20 Mark wöchentlich im Akkord verdient, ausnahmsweise sind Verdienste von 25 Mark bei tüchtigen Stickerinnen zu verzeichnen. Das Einkommen der kleinen selbständigen Stickereibetriebe mit 1—2 Maschinen entzieht sich der Beurteilung.

Statistik.

1. Zahl der Arbeiter im Jahre 1911.

	Erwachsene männliche	Erwachsene weibliche	Junge Leute von 14—16 Jahren	Gesamtzahl
Chemnitz 30 Betriebe . .	1243	2119	198	3560
Elberfeld, Stadt 7 Betr. .	177	73	7	257
„ Land 3 „ .	?	?	?	279
Barmen 3 Betr.	422	146	124	692
Bielefeld, 5 Betriebe . .	311	134	44	489
Kulmbach 2 Betriebe . .	?	?	?	465
				5742

2. Betriebsgrößen.

	Arbeiterzahl: 300—400	200—300	100—200	50—100	unter 50	Summe
Chemnitz	2	4	7	6	10	29
Elberfeld, Stadt	—	—	—	3	4	7
Land .	—	—	1	1	1	3
Barmen	1	1	—	—	1	3
Bielefeld	—	—	2	1	2	5
Kulmbach . . .	—	2	—	—	—	2
	3	7	10	11	18	49

Die Zahlen der obigen, aus dem amtlichen Material der Gewerbeinspektionen zusammengestellten Tabelle können nur in vorsichtiger Weise zu einem Vergleiche benutzt werden. Es ist überhaupt unmöglich, bei der verschiedenartigen Gliederung der Industrie und ihrer Verquickung mit Möbelstoff- und Teppichweberei ein auch nur annähernd richtiges zahlenmäßiges Bild von dem Umfange zu geben. Im letzten Jahre sich häufende Betriebseinstellungen, von denen alle Plätze betroffen sind, lassen die Zahlen von 1911 schon veraltet erscheinen.

Im einzelnen sei bemerkt, daß von den Barmer Zahlen etwa 400 Arbeiter auf Teppichweberei entfallen.

Ein Vergleich der Zahlen zeigt die Größe der Möbelstoffindustrie von Chemnitz. Aus dem Überwiegen der weiblichen Arbeiterschaft ist das Wesen dieser Industrie ersichtlich; hier sind viele Webstühle für glatte Stoffe und Druckmoquette, die von Frauen bedient werden, im Gange. Das Zurücktreten des weiblichen Geschlechts in den übrigen Zentren beweist das Vorherrschen der Jacquardmoquette- und Doppelplüschfabrikation. Aus der Gegenüberstellung der Betriebsgrößen erhellt die Verdrängung der menschlichen Arbeitskraft durch die großen Doppelwerke, denn die Fabriken mit 25—150 Arbeitern sind in der Mehrzahl.

Über die Anzahl der Webstühle können keine zuverlässigen Angaben gemacht werden, auch ist daraus allein ein Rückschluß auf die Höhe der Produktion nicht möglich. Die Leistungsfähigkeit der Stühle ist zu verschieden und ihre Beschäftigung je nach den Aufträgen schwankend. Die Gesamtproduktion an Mohärplüsch und Moquetten wurde dem Verfasser von einigen Fabrikanten schätzungsweise auf 25 bis 30 Millionen Mark jährlich angegeben. Die Zahl der daran beteiligten Fabriken betrug Anfang 1911:51.

Welche Funktion übernimmt der einzelne Betrieb von dem Produktionsprozesse, den wir in Vorarbeiten, Weben, Appretur und Färben zerlegt haben? Allgemein kann man sagen, daß Vorarbeiten und Weben hauptsächlich in der Fabrik stattfinden. Auffallend ist die starke Benutzung intermittierender Frauenheimarbeit in Chemnitz für Spulen und Harnischschnüren. Die meisten Moquette- und Möbelstoffabriken haben eigene Zeichner, ergänzen aber ihre Musterauswahl aus heimischen und auswärtigen gewerbsmäßigen Musterateliers; von diesen pflegen die Plüschfabriken Entwürfe zu beziehen. Mit der Musterzeichnerei ist häufig das Patronnieren verbunden, wogegen die Kartenschlägerei ein selbständiges Gewerbe ist.

Die Ausrüstung und Färbung ist nächst dem Weben der wichtigste Prozeß. Sie wird durch die Webereien selbst oder durch Hilfsindustrien ausgeführt. Auch hier sind allgemeine Regeln nicht aufzustellen. Nur die größten Moquettefabriken haben eigene Appretur, beziehen die Garne aber gewöhnlich im Strang gefärbt. Die meisten Chemnitzer Webereien lassen in den dortigen Appreturanstalten, die oft mit der Färberei verbunden sind, appretieren.

Für die Mohärplüschfabrikation ist die Färberei die einzige Ausrüstung. Die ländlichen Webereien sind, je weiter sie sich auseinander ziehen und von dem gemeinsamen Mittelpunkte abrücken, zu eigener Färberei übergegangen. Aber auch dort, wo Stadtkontor und Lager räumlich nicht zu sehr von der Produktionsstätte getrennt sind, wie z. B. in Bielefeld, wird die Hilfsindustrie nicht ausnahmslos herangezogen. Die dort bestehenden drei Plüschfärbereien arbeiten nur für 2 Plüschfabrikanten, während die drei anderen selbst färben. Persönliche Momente spielen oft eine größere Rolle als das Gebot der Wirtschaftlichkeit.

Der gegebene Standort der Lohnfärbereien und Appreturanstalten ist stets die Stadt selbst, um welche die Hauptindustrie gelagert ist.

Das Ausputzen und Ausnähen der Plüsche und Moquette wird durch auf dem Lager beschäftigte Frauen besorgt. In Chemnitz gibt man wegen Platzmangels die fehlerhaften Stücke an die Heimarbeit ab.

Im großen und ganzen ist der Produktionsprozeß in den Plüschfabriken, sofern sie selbst färben, und in den größten Moquette- und Möbelstoffabriken zu einer Unternehmung vereinigt, in einigen sogar einschließlich des Patronnierens und Kartenschlagens.

Anders liegen die Verhältnisse in der Kettendruckerei und Presserei.

Für jene bestehen 6 Lohnbetriebe in Deutschland, 3 in Berlin und 3 in Sachsen, zum Teil im Anschluß an Teppichfabrikation. Eigene Presserei wird nur von den Fabriken, die sehr viel Decken herstellen, gehalten. Große Stücke läßt man durch die mit der Lohnfärberei verbundenen Pressereien in Chemnitz, Elberfeld, Krefeld und Bielefeld pressen.

Fabriken für Ruten- und Doppelstühle befinden sich in Chemnitz, Elberfeld, Düren und Köln je eine.

Die häufigste Gesellschaftsform ist die offene Handelsgesellschaft; Aktiengesellschaften gibt es, wenn man die Teppichfabriken ausscheidet, zwei, in Barmen und in Chemnitz.

Die Lage der Plüschhandweberei.

Von dem Niedergange der Plüschhandweberei ist im geschichtlichen Teile dieser Arbeit schon gesprochen worden. Daß sie sich bis auf den heutigen Tag noch erhalten, hat seine Ursache in den Vorzügen des Handplüsches, die ihm immer noch Nachfrage sichern. Es wurde bei der Schilderung der Technik erklärt, daß der Handplüsch wegen seiner Bindung fast unbegrenzte Haltbarkeit besitzt. Aus diesem Grunde schreiben ihn auch noch viele Eisenbahnverwaltungen vor. Der mechanische Rutenplüsch, der ja ebenfalls in dreifacher Bindung herstellbar ist, macht dem Handplüsche schon recht starke Konkurrenz, weil er billiger und gleichmäßiger, und seine Fabrikation schneller und zuverlässiger, als in der Hausindustrie zu bewerkstelligen ist. Die Fabrikanten, die kein Interesse mehr an dem Handplüsche haben und die Lieferung mechanischer Ware bei den Eisenbahnverwaltungen mit dem Mangel an Webern begründen, tragen mit dazu bei, daß dieser Artikel der Handweberei nach und nach verloren geht. Außer Eisenbahnplüschen kommen noch feine niederflorige Gewebe, Schuhplüsche und Decken für den Handstuhl in Frage.

Die Zahl der Plüschweber ist auf einen kleinen Rest zusammengeschmolzen, der in 10—15 Jahren verschwunden sein dürfte. Die Standorte zeigen nur insofern ein etwas anderes Bild, als ein großer Teil der früheren Weberdörfer ausgeschieden werden muß. In der Bielefelder Gegend arbeiten ca. 40 Weber in den Dörfern Altenhagen, Dornberg, Hillegossen und in der Senne. Ähnliche Verhältnisse bestehen im Münsterlande, wo in Freckenhorst, Ahlen und bei Warendorf noch Weber zu finden sind. Die rheinische Handweberei hat sich erhalten in Wermelskirchen, Lechlingen, Burscheid, Oedt, Schlebusch und in einigen Dörfern der Eifel, die sächsische in Frohburg.

Als das Hauptgebiet ist noch die Rhön anzusehen. Die dortigen Handweber verteilen sich auf dieselben Ortschaften wie um 1900. Ihre Zahl wurde dem Verfasser von dem ersten Faktor auf 200—250 angegeben. Die Hälfte arbeitet noch ständig das ganze Jahr hindurch, die andere Hälfte betrachtet die Weberei nur als Nebenerwerb. Ist demnach die Hausindustrie in der Umgebung der Städte so gut wie ausgestorben, hat sich hier, wo die Gelegenheit zum Berufswechsel nicht so leicht ist, der vierte Teil erhalten.

In der Organisation ist keine wesentliche Änderung zu verzeichnen; 8 Faktoren, von denen 5 in Kaltensundheim, zwei in Oberweid und 1 in Klings wohnen, sind die Vermittler zwischen Arbeitern und Fabrikanten in Goch, Elberfeld, Freckenhorst und Berlin. Der Hauptarbeitgeber ist eine Firma in Goch, die meistens Eisenbahnplüsche anfertigen läßt. Der erste Faktor beschäftigt allein 100 Stühle. Die Löhne zeigen eine Besserung im Vergleich zu den um 1900 gezahlten und bewegen sich zwischen 50 Pf. und 1,10 Mk. pro Meter je nach Breite und Qualität, dazu kommt die Faktorprovision in Höhe von 3—10 Pf. und eine Frachtgebühr von 4 Pf. Ein ganz billiger Plüsch erfordert an Weblohn usw. 60 Pf., während der mechanische Plüsch für 12 Pf. Lohn zu machen ist. Dieser großen Differenz wegen wird die Handweberei im allgemeinen nur für die feinsten Qualitäten in Anspruch genommen.

Auch die Plüschhandweberei der Rhön dürfte in absehbarer Zeit der Geschichte angehören. Der jetzige Stamm von 250 Webern verringert sich in dem Maße, wie sie aussterben, da das Überlaufen zu anderen Erwerbszweigen aufgehört hat. Diese Weber verspüren zur Aufnahme einer anderen Beschäftigung keine Neigung mehr, was auch darin zum Ausdruck kommt, daß die Weberei feiner Seidenstoffe in bescheidenem Umfange sich einzubürgern begonnen hat. Da bei Luxuserzeugnissen höhere Arbeitslöhne weniger ins Gewicht fallen, und ferner niedrigere Frachtspesen auf Seidenketten ruhen, so dürften die Versuche, die Hausweberei der Rhön vielseitiger zu gestalten, aussichtsreich sein.

Der Vollständigkeit halber sei noch ein Blick auf die Hausindustrie der Konfektionsplüschbranche geworfen, die bis in die letzte Zeit hinein sehr bedeutend war. Die Fabrikation von Fellimitationen ist noch jetzt eine Domäne des Handstuhles, da bei diesem Artikel mit Ruten von verschiedener Höhe gearbeitet werden muß. Der Mangel an Arbeitskräften hat das Eindringen des mechanischen Webstuhls gefördert; so ist die Krimmerweberei Berlins in den letzten Jahren mechanisch geworden.

Die Standorte dieser Hausindustrie sind die in der Nähe von Berlin und Potsdam gelegenen Ortschaften Bernau, Straußberg, Zinna, Nowawes, der wichtigste Bezirk aber das Dorf Neu-Katscher und Umgebung im Eulengebirge. Infolge der Abwanderung der Weber in das schlesische Kohlengebiet nimmt ihre Zahl ständig ab.

Fünfter Abschnitt.

Arbeiter- und Lohnverhältnisse.

Eine Betrachtung über die Lage der Plüsch- und Moquette-Arbeiter kann nur allgemeiner Natur sein, wenn wir die Branche als Ganzes ins Auge fassen und von den in örtlichen Verhältnissen begründeten Verschiedenheiten absehend, die gemeinschaftlichen und dieser Arbeiterkategorie eigentümlichen Fragen hervorheben, von denen ihre Tätigkeit und ihr Einkommen berührt wird. Die Einführung des mechanischen Betriebes hat in den Lebensbedingungen der Plüschweber die größten Wandlungen hervorgerufen, sie zu Fabrikarbeitern gemacht und für viele während der Übergangszeit Arbeitslosigkeit nach sich gezogen; denn dort, wo ein mechanischer Betrieb eröffnet wurde, waren von 4 Handwebern drei überflüssig geworden. Alfons Thun[1] hat diese Verhältnisse in der verwandten Samtweberei eingehend geschildert. Seine Darstellung dürfte, zumal sie sich auf dieselbe Gegend bezieht und nur 15 Jahre zurückliegt, in vieler Hinsicht für unsere Industrie zutreffend sein.

Jüngeren Datums und daher für die Gegenwart noch gültig sind die Forschungen von Elisabeth Gottheiner[2] über die soziale Lage der Textilarbeiter im Wuppertale. Auf sie sei hier ausdrücklich hingewiesen.

Die Bedienung eines Plüsch- und Moquettestuhles stellt hohe Anforderungen an die Geschicklichkeit und Kraft des Webers. Die Moquettefabrikation ist wegen ihrer reichen Musterung so verwickelt, daß nur durch langjährige Übung geschulte Arbeiter in ihr beschäftigt werden können. Dasselbe gilt für Rutenplüschstühle. Die Arbeit an den Doppelplüschstühlen ist zwar einfacher, aber infolge ihrer Breite und der schweren Kettbäume sehr anstrengend. So ist denn die Tätigkeit von ungelernten Arbeitern und Frauen in unserer Industrie auf Kettscheren, Spulen und andere Hilfsarbeiten beschränkt, nur vereinzelt läßt man sie an schmalen Webstühlen arbeiten. Die großen Doppelwerke machen Stellungen und Lagen des Körpers notwendig, die bei Frauen schädigend auf den Organismus wirken und Unterleibskrankheiten erzeugen.

Wenden wir uns den Löhnen zu, so beobachten wir, daß ihre Höhe mit der Kompliziertheit der Webart steigt. Die niedrigsten Löhne weist die Druckmoquettefabrikation auf, die höchsten werden für Jacquardmoquette gezahlt. Die übliche Lohnform ist das Akkordsystem, und zwar berechnet sich der Lohn nach Tourenzahl des Stuhles, Zahl der Schüsse und Rieteinstellung. Der Akkordverdienst des Arbeiters wird wesentlich modifiziert durch die der Weberei eigentümlichen Nebenarbeiten, wie Mustern, Anordnung neuer Ketten, bei denen stets Zeitlohn in Ansatz kommt. Von der Bezahlung und Häufigkeit dieser Nebenarbeiten ist nächst der Höhe der Akkordsätze das Einkommen des Webers abhängig.

Die zahlreichen Lohntabellen, die dem Verfasser vorliegen, eignen sich leider nicht zu einem Vergleiche der in den einzelnen Standorten gezahlten Löhne, weil zu große Unterschiede in den hergestellten Qualitäten hinsichtlich der Zahl der Kett- und Schußfäden, der Breite, und in dem Stuhlsystem bestehen. Einen Anhaltspunkt geben nur die

---

[1] Die Industrie am Niederrhein. 1878.

[2] Studien über die Wuppertaler Textilindustrie und ihre Arbeiter in den letzten 20 Jahren. 1903.

Tageslöhne, die für Nebenarbeiten gezahlt werden und auf die Höhe der Durchschnittslöhne von größtem Einflusse sind. Hier kann nun allgemein festgestellt werden, daß in den ländlichen Weberbezirken der Tageslohn 2,50 Mk. nicht übersteigt, in den Städten sich zwischen 3,50—5,00 Mk. bewegt. In einigen Betrieben fällt die Vergütung für das Andrehen ganz langer Ketten überhaupt fort, und der Weber muß durch schnelles Arbeiten den Verlust auszugleichen trachten.

Die folgenden, aus Akkord- und Zeitlohn sich ergebenden Wochendurchschnittsverdienste sind aus Enqueten der Textilarbeiterverbände ermittelt worden. Die Berufsgenossenschaften verweigerten dem Verfasser, mit einer Ausnahme, nähere Angaben.

1. Durchschnittslöhne in Teppichfabriken, die nebenbei Moquette herstellen, in Elberfeld-Barmen:

25—42 Mk.
24—28 „
16—28 „
27 „
20 „

2. in 6 Jacquard-Moquettewebereien:

27—32 Mk.
20—30 „
16—25 „
24 „
18—24 „
20 „

3. in Chemnitz:

10—35 Mk.
18—30 „
24—28 „
16—28 „
26 „
18—24 „
17—20 „
20 „
18—19 „

4. in ländlichen Webereien: 25—28 Mk.
18—21 „ für Weber
12,50—15 Mk. für Hilfsarbeiterinnen.

Im Vergleich zu den Löhnen der übrigen Textilbranche sind diejenigen der Plüsch- und Moquetteindustrie verhältnismäßig hoch. Die niedrigen Durchschnittszahlen einzelner Betriebe entfallen auf jugendliche und weibliche Arbeiter. Die Jacquardmoquetteweber werden neben den Teppich- und Gobelinarbeitern am besten bezahlt. Die niedrigeren Löhne in Chemnitz erklären sich aus dem Vorwiegen des Druckmoquettes und der glatten Möbelstoffe. In Elberfeld-Barmen wurde dem Verfasser ein Durchschnitt von 32,00 Mk. für Moquette und von 24—32 Mk. für Doppelplüsch, in den ländlichen Bezirken bei Bielefeld ein solcher von 18—21 Mk. von glaubwürdiger Seite mitgeteilt, eine gewaltige Differenz, in welcher das Verschwinden der Doppelplüschweberei aus Elberfeld begründet liegt.

Eine Erhöhung der Akkordsätze ist nur in der Moquette- und Gobelinbranche um etwa 10% erreicht worden[1], dagegen ist überall eine Besserung in der Vergütung der Nebenarbeiten eingetreten, da nur wenige Betriebe den Forderungen der Arbeiter in diesem Punkte nicht nachgegeben haben. In den Städten findet die Entlöhnung wöchentlich, in den ländlichen Bezirken alle 14 Tage statt.

Die Organisationsbestrebungen innerhalb der Plüsch- und Moquette-Arbeiterschaft sind nur in den städtischen Betrieben von Erfolg gewesen; hier zählt der „Deutsche Textilarbeiter-Verband" die meisten Mitglieder. Auf dem Lande vermochte der „Zentral-Verband Christlicher Textilarbeiter Deutschlands" in Rheinland und Westfalen Anhänger zu gewinnen. Ein großer Teil der ländlichen Weber ist jedoch ohne jeden Zusammenschluß und setzt den Versuchen beider Verbände, sie zu organisieren, hartnäckigen Widerstand entgegen. Konservativ in ihren Anschauungen und an einfache Lebensverhältnisse gewöhnt, vermeiden diese ehemaligen Handweber Konflikte mit ihren Arbeitgebern. Namentlich scheut man sich durch den Beitritt zu einer Organisation in Gegensatz zu den Werkmeistern zu geraten, deren Macht sich oft in der Verteilung guter oder schlechter Ketten äußert.

In Elberfeld-Barmen sind von 937 Arbeitern 228 organisiert = 24,3%, und zwar 20% frei und 4,3% christlich. Bemerkenswerte Zahlen, die aber Textilarbeiter anderer Branchen mit umfassen, ergeben noch:

	sozialdemokratisch	christlich
Dülken	150	470
Haan	53	140
Kulmbach	32	—
Jöllenbeck	23	628
Stieghorst	22	85
Sieker	22	—
Freckenhorst	—	45

Goch, Wermelskirchen, Burscheid, Brake, Gefrees, Fladungen, Erkelenz, Erkrath sind ohne jede Organisation.

Das Überwiegen des sozialdemokratischen Verbandes wird erklärt durch die Gesamtzahl der organisierten Textilarbeiter in den Großstädten:

Elberfeld-Barmen	7090	1098
Chemnitz	3360	23

Die Verbände haben vielfach auf gütlichem Wege durch ihre Ausschüsse eine Besserung der Arbeits- und Lohnbedingungen erreicht; so nötigte man die Arbeitgeber in den Städten und meistens auch auf dem Lande, Lohntabellen auszuhängen, deren Sätze allerdings oft einseitig bestimmt werden. Bislang ist es nur in einigen großen

[1] Auf Tausend Schuß 22 Pf., gegen 20 Pf. vor 10 Jahren.

Teppichfabriken zum Abschluß von Tarifverträgen gekommen, an denen die Moquetteweber teilnehmen.

Die seit 1900 ausgebrochenen Streiks, etwa 5, sind nach langer Dauer verloren gegangen, da ihnen der Rückhalt geeinter Organisation fehlte. Der deutsche Textilarbeiterverband sucht durch Zusammenschluß der einzelnen Branchen das Interesse der abseits stehenden Arbeiter zu wecken und veranstaltete 1910 zum ersten Male in Gera eine Tagung der Teppich- und Plüscharbeiter und -arbeiterinnen Deutschlands. Dadurch, daß die Plüschindustrie sich aus den Städten auf das Land zieht, stehen der Organisierung ihrer Arbeiter Hindernisse im Wege, welche durch die Gegensätze der beiden Verbände noch verstärkt werden. In der Möbelstoffweberei von Chemnitz ist das weibliche Element zu stark vertreten, auch leidet durch den häufigen Wechsel unter den Arbeitern das Gemeinschaftsgefühl, das in reinen Plüsch- und Moquettefabriken mit gelernten Velourswebern herrscht.

Die lautesten Klagen der Arbeiter richten sich gegen den in den letzten Jahren immer mehr zunehmenden Musterwechsel, der durch zu kleine Bestellungen des Zwischenhandels verursacht wird und dem Weber die volle Ausnutzung der Akkordlöhne unmöglich macht, indem er ihn zu langen, mit Tageslohn verbundenen Nebenarbeiten zwingt. Die Ausgabe kurzer und langer Ketten, guter und minderwertiger Garne ist überhaupt eine Quelle gegenseitiger Mißgunst. Ferner ist eine Beunruhigung über das Anwachsen der Doppelwerke vorhanden, deren Leistungsfähigkeit die Zahl der Arbeiter verringert. Dagegen haben sich die Befürchtungen, daß zur Bedienung der Doppelstühle billigere weibliche Arbeitskräfte herangezogen würden, nicht erfüllt.

Die Wünsche nach Erhöhung der Löhne müssen bei der jetzigen Konjunktur zurückgestellt werden. Diese Erkenntnis scheint auch in weiteren Kreisen der Arbeiter, denen die sich mehrenden Betriebseinstellungen den Ernst der Lage vor Augen führen, vorhanden zu sein.

Im allgemeinen erfreut sich die Plüschindustrie, zumal die ländliche, einer willigen, bescheidenen und geschulten Arbeiterschaft, die den Unternehmern in der Zeit der technischen Umwälzungen den Übergang erleichtert hat. Der Stamm dieser Weber steht im Alter von 40—60 Jahren. Bei dem völligen Mangel eines Nachwuchses ist es eine wichtige Aufgabe der Plüschfabrikanten, die qualifizierte Arbeiter gebrauchen, für die baldige Heranbildung eines solchen Sorge zu tragen.

Sechster Abschnitt.

Organisation des Absatzes.

Einleitung.

Die Sorge für den Absatz ist neben der Überwachung der Produktion die wichtigste Seite der Tätigkeit des Fabrikanten. Um die Formen, in denen der Absatz sich vollzieht, zu verstehen, muß man sich vergegenwärtigen, wer der Konsument der Plüsch- und Moquettestoffe ist. Zwischen Dekorations- und Bezugsstoffen ist in dieser Hinsicht ein wesentlicher Unterschied. Die ersteren sind, nachdem sie konfektioniert worden sind, ein Handelsgegenstand, der durch Zwischenhändler an den Konsumenten gebracht wird. Die Bezugstoffe dagegen durchlaufen einen anderen Weg; als Handelsgegenstand gelangen sie zunächst an einen Konsumenten, richtiger Weiterverarbeiter, für den sie den Charakter des Halbfabrikats haben, nämlich an den Möbelfabrikanten und Tapezierer. Damit verlieren sie ihre Selbständigkeit, werden Bestandteil eines neuen Erzeugnisses, des Sofas oder Stuhles, und gelangen in dieser Form an den Letztkonsumenten. Ein Mitbestimmungsrecht desselben und die Berücksichtigung seines Geschmacks bei der Auswahl der Bezugstoffe ist natürlich dabei nicht ausgeschlossen, bildet bei besseren Ausstattungen auch die Regel, um bei Massenerzeugnissen ganz wegzufallen. Der Weg, den beide Waren vom Erzeuger bis zum Verbraucher durchlaufen, ist zwar verschieden, aber darum nicht kürzer. Das Bindeglied zwischen Fabrikanten und Letztkonsumenten ist bei Dekorationsstoffen der Händler, bei Bezugstoffen der Möbelfabrikant oder der Handwerker.

Die direkte Lieferung seiner Erzeugnisse an diese beiden Abnehmergruppen ist im allgemeinen für den Fabrikanten zu umständlich, da ihr Verbrauch nicht auf einzelne Plätze sich konzentriert, sondern zersplittert ist. Daher kommt als Hauptabnehmer des Fabrikanten der Großhändler in Betracht. Der detaillierten Handelstätigkeit des Fabrikanten sind mit dem Übergang zur mechanischen Weberei enge Grenzen gezogen. Als Leiter einer verlagsmäßigen Industrie konnte er sich dem Einzelvertriebe seiner Erzeugnisse in vollem Maße widmen; von dem Augenblicke an, wo der ganze Fabrikationsprozeß in der Fabrik vereinigt wurde, lag es in seinem Interesse, das Schwergewicht seiner Tätigkeit auf die Leitung und Verbesserung der Produktion zu richten. Es würde auch erhöhte Kapitalforderungen an ihn stellen, wenn er den Einzelvertrieb der Ware in der Hand behalten würde. Ein weiterer Grund technischer Art liegt darin, daß der Fabrikant darnach trachten muß, auf ein und demselben mechanischen Stuhle möglichst ununterbrochen lange Ketten abzuweben. Das Zerschneiden der Stücke bedingt stets Restbestände, die nur mit Schaden zu verwerten sind. Als der wichtigste Grund auf Seiten der Abnehmer ist anzuführen, daß infolge der Spezialisierung innerhalb der Plüsch- und Moquetteindustrie der Detaillist und Möbelfabrikant die Erzeugnisse vieler Fabriken nötig hat, wenn er auf eine genügende Ausstattung seines Lagers Wert legt.

Die Vermittelung des Grossisten ist also eine Notwendigkeit, er wird zum Lagerhalter, zum Aufteiler der Stücklängen und versorgt eine zerstreute Kleinkundschaft mit den Erzeugnissen der Industrie. Bei ungemusterten Stapelwaren können die Detaillisten und Möbelfabrikanten die Dienste des Zwischenhandels entbehren und direkte Beziehungen anknüpfen, sofern sie die Bedingungen der mechanischen Produktion, Abnahme ganzer Stücklängen, erfüllen. Die augenblickliche Lage der Industrie und die ungünstige Mode, die das Interesse des Großhändlers erlahmen läßt, zwingt die Fabrikanten, den Kreis ihrer Abnehmer zu erweitern und an Detailhändler, selbst an Großkonsumenten zu liefern.

Wenn wir nunmehr dazu übergehen, den Weg, den die Plüsche und Moquette vom Erzeuger bis zum Verbraucher zurücklegen, in großen Zügen zu verfolgen, möge das folgende Schema zur Veranschaulichung dienen.

1. Bezugstoffe.

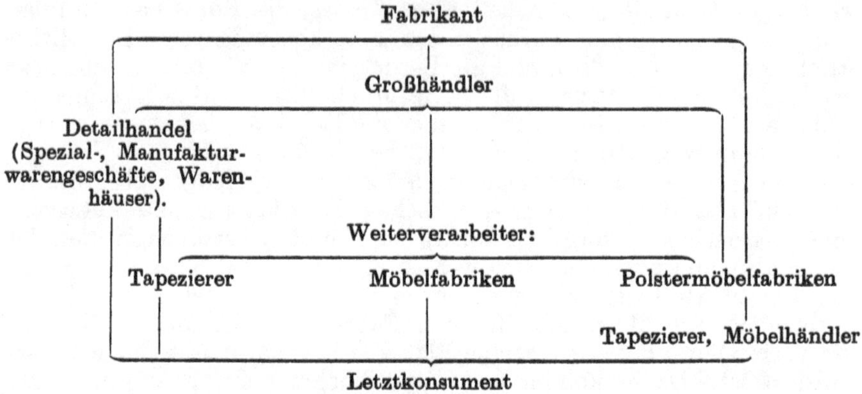

2. Decken und Behangstoffe.

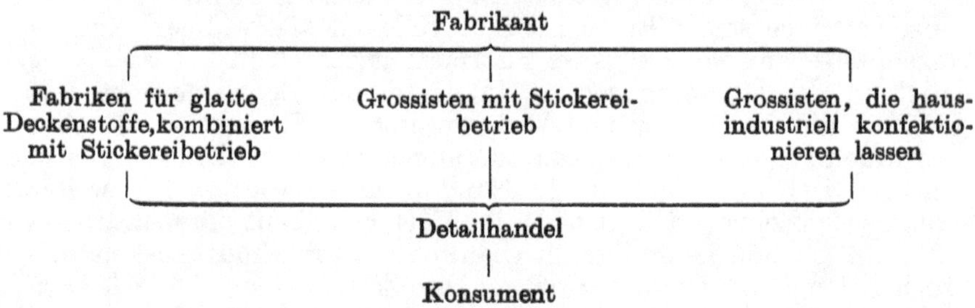

Der Hauptabnehmer der Fabrikanten ist der Grossist, in zweiter Linie kommen Spezial-, Manufakturwarengeschäfte und Polstermöbelfabriken. Indem wir uns dem Geschäftsverkehr zuwenden, haben wir vor allem die Beziehungen zwischen Fabrikant und Grossist im Auge.

Die Formen des Absatzes.

Das Einholen der Bestellungen liegt in den Händen von Reisenden und Agenten. Welchem Vermittler die größere Bedeutung beizumessen ist, hängt von der Besonderheit jeder einzelnen Fabrik ab. Die Tätigkeit des Reisenden ist dann notwendig, wenn die Fabrik mehr mit

Stapelgrossisten und Detailgeschäften arbeitet, die über ganz Deutschland zerstreut ansässig sind. Eine Fabrik, die ihre Erzeugnisse an die ersten Firmen der Möbelstoffbranche absetzt, ist auf die Vermittlung eines Vertreters angewiesen, da diese auf einige Großstädte beschränkt sind. In der Textilindustrie wird dem Reisenden oft der Vorzug gegeben, er ist auch nach der technischen Seite hin vertrauter mit den Eigenarten seines Geschäfts, als der sich noch mit anderen Vertretungen abgebende Agent. Die Aufgabe des Platzvertreters ist es, durch häufige Besuche der an seinem Niederlassungsorte wohnenden Grossisten sich über den Bedarf derselben zu unterrichten und die geschäftlichen Beziehungen zwischen ihnen und der Fabrik so lebhaft wie möglich zu gestalten. Er legt daher neu herauskommende Muster und Farbproben vor und macht regelmäßig Offerten bei etwaigen Preisveränderungen. Die erhaltenen Bestellungen gibt er an seine Firma weiter und übernimmt meistens auch die Aushändigung der Rechnungen und die Abwickelung des Zahlungsverkehrs zwischen Grossist und Fabrikant. Neben dieser Tätigkeit besteht seine Hauptaufgabe darin, die Konkurrenz zu überwachen und zu verhindern, daß deren Angebote seine Firma aus dem Geschäft herausdrängen.

Mehrere Male im Jahre pflegt der Fabrikant selbst oder ein Bevollmächtigter die Kundschaft zusammen mit dem Vertreter persönlich zu besuchen, um ihre Wünsche kennen zu lernen. Diese Besuche des Chefs dienen vor allem auch der Information über die Konkurrenz, deren Muster und Preise, und geben ihm wichtige Anhaltspunkte für die nächste Saison. Man wird sagen können, daß das persönliche Eingreifen des Chefs und sein wiederholter, längerer Aufenthalt in den Bedarfszentren für einen erfolgreichen Absatz entscheidend ist.

Von einschneidendster Bedeutung für die Fabrik ist die Ausgabe und Vorlegung der neuen Muster. Die Hauptmusterung der Plüsch- und Moquettebranche erfolgt im Herbst, doch findet auch im Frühjahr noch eine kleinere Musterung statt, die den Zweck hat, die Musterauswahl zu ergänzen und aufzufrischen. Die im Herbst geschaffenen Muster werden Anfang des Winters den Grossisten zur Begutachtung übergeben. Der Grossist macht dann auf die ihm gefallenden Muster Bestellungen, mit deren Anfertigung die Fabrik sofort beginnt. In der Möbelstoffbranche ist das Engagieren von Mustern üblich. Zeichnet sich ein solches durch Schönheit aus, und glaubt der Händler mit demselben einen großen Erfolg zu haben, so sichert er sich den alleinigen Vertrieb. Der Fabrikant darf in diesem Falle nur an ihn die in diesen Mustern hergestellten Waren liefern. Das Engagieren der Muster ist aber oft für den Fabrikanten vom Nachteil, und viele lassen sich nur ungern darauf ein. Die Kollektionen werden dadurch anderen Grossisten gegenüber um ein wertvolles Stück ärmer. Voraussetzung des Engagierens ist daher meistens die Bestellung eines möglichst großen Quantums, damit der Fabrikant darin einen Ausgleich für die Einschränkung seiner Bewegungsfreiheit erhält. Es kommt auch vor, daß der Grossist einen Teil der Musterspesen trägt, oder das Muster nur für einige Plätze engagiert wird, im übrigen der Fabrikant freie

Hand hat. In der Moquetteindustrie, wo die Musterung alles bedeutet, ist das Engagieren von Dessins am gebräuchlichsten.

Das Aufsuchen der Fabrikanten durch die Abnehmer ist ein anderer Weg, der oft beschritten wird. Dem Verfasser wurde von mehreren Seiten versichert, daß diese Gelegenheit oft dazu benutzt wird, nach Erteilung eines regulären Auftrages einen möglichst großen Posten fehlerhafter Waren, sogenannter Ramschwaren, sich zu sichern. Diese Ramschwaren spielen in der Textilindustrie eine wichtige Rolle und schädigen das solide Geschäft in bedenklicher Weise. Der Fabrikant trachtet darnach, aus den mit Web- oder Farbfehlern behafteten Stoffen noch eine brauchbare Ware herzustellen. In der Plüschfabrikation bedient man sich zu diesem Zwecke des Pressens und Bestickens. Durch beide Verfahren werden die Fehlstellen überdeckt, und die Stoffe können noch mit Gewinn abgesetzt werden. In den rheinländischen und westfälischen Plüschfabriken ist der holländische Ramscher ein häufiger Gast, während in Chemnitz die minderwertigen Waren in die Hände Leipziger Händler gelangen, die sie zu Kupons verschneiden und auf Jahrmärkten an den Mann bringen.

Einen anderartigen Absatz haben die Eisenbahnplüsche. Die Aufträge werden nur auf dem Submissionswege von den Staatsbahnen vergeben. Die von ihnen gekauften Mengen werden lediglich zu Reparaturzwecken verwendet. Die Hauptabnehmer sind daher die Waggonfabriken, die sich ebenfalls engerer Submissionen bedienen. An den Offerten beteiligen sich sowohl Fabrikanten wie Grossisten.

Die Lieferungs- und Zahlungsbedingungen entbehren natürlich der Einheitlichkeit, da die Abnehmerkreise einer jeden Fabrik zu verschiedenartig sind. Selbst innerhalb eines Betriebes kann von einer Norm nicht die Rede sein, mit einzelnen Kunden werden Sondervereinbarungen getroffen, wie es die Verhältnisse nötig erscheinen lassen. Bei Erreichung eines gewissen Umsatzes pflegen Extrarabatte zugestanden zu werden. Die Preise verstehen sich pro Meter bei Abnahme von mindestens $^1/_2$ Stück; werden kleinere Mengen (Kupons) bestellt, so erhöht sich der Stückpreis, und zwar beträgt der Kuponaufschlag 10 % unter 10 m, 5 % von 10—25 m, über 25 m wird Stückpreis berechnet. Die für Herstellung der Muster verwendete Ware wird mit einem Rabatt von 25—30 % geliefert, bei großen Bestellungen steigt der Musterrabatt auf 50 %, oder das Mustermaterial wird gratis abgegeben. Um einen Mißbrauch seitens der Abnehmer zu verhindern, wird es sehr oft vom Fabrikanten bereits zu Mustern verschnitten; im Exportgeschäft tut man dies auch aus Rücksicht auf den Zoll.

Die Abwicklung eines Auftrages geschieht etwa in folgender Weise. Die Bestellung enthält Angaben über Menge, Qualität und Farbe. Zur Bestimmung der Farbe bedient man sich entweder spezieller Farbmuster oder nummerierter Farbkarten, im letzteren Falle genügt die Angabe der betreffenden Nummer. Da die gangbaren Qualitäten, Stapelwaren, immer auf Lager sind, meist ungefärbt, so werden sie sofort eingefärbt und können innerhalb drei bis vier Tagen zum Versand (in Holzkisten) gebracht werden. Die Aufträge werden häufig in großen Mengen getätigt, en-bloc-Orders genannt, mit späterer Farbdisposition. In diesem Falle erfolgt die Ausführung des gesamten Auftrages in einzelnen Posten auf Abruf. Extraanfertigungen erfordern je nach Beschäftigung der Fabrik längere Lieferungsfrist. Die Durchschnittskommission ist $^1/_2$—10 Stück à 50—60 m, im Export 40—50 Stück.

Der Möbelstoffhandel.

a) Der Großhandel.

Um ein vollständiges Bild von der Verteilung der Plüsch- und Moquetteerzeugnisse zu gewinnen, müssen wir kurz auf die Eigenart der einzelnen Abnehmergruppen eingehen. Zunächst ist zu betonen, daß die Velourstoffe nur ein Gebiet, wenn auch das wichtigste, der Möbelstoffbranche darstellen, und daß der Teppichhandel wohl stets mit dem Möbelstoffhandel verbunden ist.

Als Bindeglied zwischen Fabrikant und Konsument muß der Grossist durchaus in den Mittelpunkt gerückt werden. Seine Funktion besteht in der Vereinigung der Erzeugnisse zahlreicher Fabriken und ihre Verteilung an Detaillisten und Weiterverarbeiter. Für die Fabrikanten ist er unentbehrlich, indem er durch Sammeln der kleinen Aufträge deren fabrikmäßige Herstellung in Stücklängen möglich macht, für die Kleinhändler und Weiterverarbeiter, indem er in seinen aus zahlreichen Quellen stammenden Musterkollektionen ihnen eine weit größere Auswahl, als der einzelne Fabrikant, bietet und das Risiko eines eigenen Lagers abnimmt.

In der Möbelstoffbranche hat man zwei Gruppen von Grossisten auseinanderzuhalten, solche, die nur die feinsten Genres, und solche, die Stapelwaren führen. Die Zahl der ersteren ist gering; etwa 12 große Firmen, die in Berlin, Leipzig, Karlsruhe, Nürnberg, Frankfurt a. M., Köln ansässig sind, beherrschen den Markt der feinen Möbelstoffe, treten fortwährend mit Neuheiten hervor und sind daher für die Moderichtung tonangebend. Ihren Kundenkreis bilden die feineren Spezial- und Detailgeschäfte und die Möbelfabriken, die gute Ausstattungen herstellen.

Die Stapelgrossisten sind viel zahlreicher und in den meisten Großstädten vertreten. Sie führen mittlere Qualitäten und stets gangbare Stapelware. Ihre Hauptabnehmer sind das Tapezierer- und Polstererhandwerk, Polstermöbelfabriken und Detailgeschäfte. Die großen Stapelgrossisten lassen ganz Deutschland bereisen, während die Mehrzahl ihre Tätigkeit auf die ihrem Wohnsitz benachbarten Gebiete beschränkt. Sie sind in jeder Hinsicht die Engros-Sortimenter des Polsterers und führen außer Möbelstoffen sämtliche Tapezierer-Zubehörteile, wie Polstermaterial, Matratzengestelle, Drellstoffe usw.

Die wichtigste Aufgabe des Grossisten ist der Einkauf und das Disponieren für die kommende Saison. Im Spätherbst haben die Fabrikanten ihre Musterung beendigt, und der Grossist muß sich entscheiden, mit welchen Dessins, Farben und Qualitäten er auf den Markt treten will. Von der Zusammenstellung der Musterkollektionen hängt das Wohl und Wehe seines Geschäftes ab. Im Januar beginnen die Reisenden ihre Haupttour und legen der Kundschaft die in großen Musterkoffern mitgeführten Neuheiten vor. Dem ersten Besuche des Reisenden folgt die Überreichung der Musterkollektionen, nach denen der Möbelfabrikant verkauft. Die Muster sind etwa 25×30 cm groß und werden zu 30 Stück in einem Einbande derartig mittelst Schrauben zusammengeheftet, daß sie leicht herausgezogen werden können. Der Möbelfabrikant sendet die vorjährigen Kollektionen nach dem Besuche des Reisenden an den Grossisten zurück, der die alten Muster durch neue ersetzt und unter Beifügung von Preislisten der Kundschaft wieder zustellt. Aus den einlaufenden Aufträgen ersieht der Grossist ungefähr, welche Muster am meisten Anklang gefunden haben. Erst jetzt fällt die endgültige Entscheidung über die Mode, und der Grossist kann nunmehr große, über das ganze Jahr reichende Bestellungen an den Fabrikanten weitergeben. Die nicht gehenden Muster werden ausrangiert, und die Kundschaft in Zwischenräumen von 4—6 Wochen durch Lagerlisten darüber auf dem Laufenden gehalten, welche Muster und Mengen der Grossist noch vorrätig hat.

Der Musterverschnitt des Grossisten ist ein gewaltiger, die Musterspesen der führenden Firmen sollen sich auf 50—100000 Mk. in der Saison belaufen. Es ist kein Wunder, daß sie einen Teil dieser Unkosten durch immer höhere Forderungen von Musterrabatt auf den Fabrikanten abzuwälzen trachten. Bei den Stapelgrossisten bewegen sich die Musterspesen in bescheideneren Grenzen; die von ihnen an die Tapezierer ausgegebenen Moquette-, Plüsch-, Portièren-, glatte Möbelstoff-Kollektionen werden alle 2—3 Jahre erneuert. Ihre Reisespesen sind im Verhältnis beträchtlicher, weil sie den kleinsten Tapezierer auf dem Lande besuchen. In diesem Verkehr mit zahlreichen Handwerkern liegen auch die langen Kreditansprüche begründet, die auf die ganze Plüschindustrie so ungünstig zurückwirken.

Die Spezialisierung innerhalb des Möbelstoffgroßhandels nach Qualitäten, nämlich feinen Genres und Stapelwaren, hat sich noch in der Konfektion weiter entwickelt, so daß drei Kategorien von Grossisten zu unterscheiden sind, die je nach der Art ihrer Waren andere Abnehmerkreise haben. Die Grossisten der feineren Qualitäten liefern an Möbelfabriken und Möbelgeschäfte für bessere Ausstattungen, die Stapelgrossisten an einfache Möbelgeschäfte, die meistens von Tapezierern oder Tischlern betrieben werden, und an Tapezierer, die in eigenen Werkstätten neue, vorzugsweise jedoch alte Polstermöbel mit Bezügen versehen. Die Decken- und Portièrenkonfektionäre verkaufen ihre Erzeugnisse an den Detailhandel.

Auch das Handwerk beginnt als Abnehmer feinerer Möbelstoffe mehr und mehr in Frage zu kommen, seitdem das Tischlergewerbe sich bemüht, mit dem Großbetrieb in Wettbewerb zu treten. Die Neigung zu einer Dezentralisation in der Möbelfabrikation ist immer stärker sichtbar, und die kunstgewerblich geleitete Möbeltischlerei hat im letzten Jahrzehnt einen Teil der nach individuellem Geschmack hergestellten Wohnungsausstattungen sich zurückerobert.

Die umgekehrte Tendenz zeigt sich in der Fabrikation der für die große Masse berechneten Möbeln. Sie ist dem Großbetriebe anheimgefallen, der sich in Spezialitäten, wie Fabriken für Stühle, Tische, Schränke, aufgelöst hat. Die Entstehung von Fabriken für Polstermöbel ist die neueste Form beruflicher Arbeitsteilung in dieser Branche und hat seit einigen Jahren, von England ausgehend, wo sie längst üblich ist, in Deutschland große Fortschritte gemacht. Die Polstermöbelfabriken sind die Hauptkonsumenten billiger, namentlich gepreßter und mit kleinen Webfehlern behafteter Plüsche, sowie der Druckmoquette. Sie sind die einzige Gruppe der Weiterverarbeiter, an die der Plüsch- und Moquettefabrikant ihres gewaltigen Bedarfs wegen unter Ausschaltung des Zwischenhandels direkt liefert. Durch ihre Kundschaft, Möbelmagazine und Abzahlungsgeschäfte, hat das Plüschsofa die weiteste Verbreitung in den unteren Schichten der Bevölkerung gefunden.

b) Der Detailhandel.

Wir haben gesehen, daß die Versorgung der Möbelfabriken und Tapezierer mit Bezugstoffen hauptsächlich in den Händen der Grossisten liegt. Den Detaillisten fällt mehr die Aufgabe der Verteilung der Behangstoffe und Tischdecken zu, die sie vom Fabrikanten oder Konfektionär beziehen und an das Publikum direkt absetzen. Die neuzeitlichen Umbildungen im Detailhandel zu Spezialgeschäften und Großbetrieben haben einzelne Detaillisten hinsichtlich ihres Bedarfs kleineren Grossisten gleichgestellt. Man könnte sie als Detailgrossisten bezeichnen, die sich vom Grossisten nur noch dadurch unterscheiden, daß sie offene Ladengeschäfte betreiben. Die Manufaktur- und Modewarengeschäfte führen zwar allgemein Möbelstoffe, wie Teppiche, Tisch-, Divandecken, in Bezugstoffen pflegen sie nur ein geringes Lager zu halten. Sie kommen wegen ihrer beschränkten Auswahl und höherer Preise für den Tapezierer ebensowenig in Betracht, wie die nur gegen Barzahlung verkaufenden Warenhäuser. Für die Plüsch- und Moquettebranche sind Warenhäuser und Bazare die Großabnehmer der gepreßten und konfektionierten Portièrenstoffe, Tischdecken, Kissenbezüge, nicht zu vergessen der durch Übersticken von Webfehlern brauchbar gemachten Massenartikel.

In den Großstädten hat sich der Möbelstoff-Detailhandel von dem Manufakturwarengeschäfte in neuerer Zeit abgezweigt und die Form von Spezialgeschäften angenommen, die durch die Pflege des ganzen Gebietes der Wohnungsdekorationsstoffe wie Teppiche, Möbelbezüge, Portièren, Decken, Kissen, Gardinen, Linoleum, oft auch Tapeten, dem Publikum die Vorteile eines großen, jederzeit modernen Lagers bieten können. Die Stapelwaren beziehen sie gewöhnlich vom Fabrikanten, während sie in feineren Artikeln, in denen ihr Verbrauch ein geringerer ist, auf die Vermittlung des Grossisten angewiesen sind, von denen sie wenige Meter ohne Kuponaufschlag erhalten. In den Großstädten haben diese Spezialgeschäfte für den Bezugstoffe verbrauchenden Tapezierer den Charakter von lokalen Grossisten, die ihr Wirkungsfeld durch Reisetätigkeit oft auch auf die nähere Umgebung ausdehnen. Grossisten und Spezialgeschäfte begegnen sich also hier als Konkurrenten. Die sich daraus ergebenden Gegensätze werden bei Besprechung der Druckmoquette-Konvention gestreift. In das Verhältnis zwischen Spezialgeschäften und den am Orte ansässigen Tapezierern spielen zwei Faktoren hinein, die als Kampfobjekte der Fachpresse immer wieder auftauchen. Es kommt vor, daß der Letztkonsument Bezugstoffe im Spezialgeschäft selber kauft und einem Tapezierer die Verarbeitung überträgt. In diesem Falle pflegt der Tapezierer, der in dem Arbeitslohn keinen genügenden Entgelt seiner Tätigkeit erblickt, sondern an dem verarbeiteten Bezuge einen Handelsgewinn erzielen will, anderen Tags an das Spezialgeschäft mit Provisionsforderungen heranzutreten. In einigen Städten hat der Detailhandel die Bedingungen für Rabattgewährung dieser Art festgelegt.

Wichtiger, weil die Existenz des Tapeziererhandwerks bedrohend ist der zweite Faktor. Viele Manufakturwaren- und Möbelstoff-Spezialgeschäfte haben, um ihren Umsatz in Dekorations- und Bezugstoffen zu erhöhen und den Unternehmergewinn des Handwerkers an sich zu ziehen, eigene Polsterwerkstätten sich angegliedert. Die Tapezierer-Innungen führen gegen diese Beeinträchtigung ihres Arbeitsfeldes einen erbitterten Kampf, der mit der Boykottierung der Geschäfte beginnt.

So steht der Detailhandel in der Verteilung der Bezugstoffe weit hinter dem Großhandel zurück, sowohl für den Weiterverarbeiter, wie für den Fabrikanten, der die Vorausverfügungen des Grossisten zur Erzielung einer stetigen, im Beschäftigungsgrade wenig schwankenden Produktion nicht entbehren kann.

Es erübrigt noch, auf die durch die augenblickliche Mode bewirkten Verschiebungen in den Absatzverhältnissen der Plüsch- und Moquettegewebe hinzuweisen. Die Verbraucher der Jacquard- und Schaftmoquette sind die Möbelfabriken und Werkstätten für bessere Ausstattungen; sie beziehen diese Stoffe von dem die feinen Genres führenden Grossisten. Die Großverbraucher der Druckmoquette und Plüsche sind das mit Möbelmagazinen verbundene Tapeziererhandwerk und die Polstermöbelfabriken, durch die diese Stoffe in den Massenkonsum übergeführt werden. Die Stapelgrossisten sind die Vermittler in der Versorgung einer zersplitterten Handwerkerkundschaft die für den Fabrikanten wirtschaftlichste Absatzform, da sie ihm die Spesenlast eines detaillierten Reisens abnehmen. Dagegen müssen die direkten Beziehungen zwischen Weberei und Polstermöbelfabrik wegen deren einheitlichen Massenverbrauchs als berechtigt anerkannt werden.

Wenn man den Austausch von Spezialerzeugnissen zwischen den einzelnen Fabrikanten selbst noch erwähnt, so sind die Absatzmöglichkeiten damit erschöpft.

Der Absatz nach dem Auslande.

Die Stellung der deutschen Plüsch- und Moquetteindustrie auf dem Weltmarkte kann im Rahmen der gesamten Möbelstoffindustrie dahin gewürdigt werden, daß in der Massenproduktion von Polgeweben Deutschland die Führung an sich gerissen hat, wobei ihr die hohe Leistungsfähigkeit der heimischen Webstuhlfabrikanten zustatten kam. Die ausländische Konkurrenz ist auf dem deutschen Markte gänzlich aus dem Felde geschlagen. Frankreich, England und Belgien behaupten ihre alte Vormachtstellung nur in der Luxusmöbelstoffindustrie und sind für die Entfaltung der Elberfelder, Barmer und Krefelder ein Hemmnis, zumal die übermächtige, seit Generationen künstlerisch aufs Höchste verfeinerte französische Industrie, welche durch Pariser Grossisten die kleinsten Kupons nach Deutschland liefert.

An der Versorgung des Weltmarktes mit Plüsch- und Moquettestoffen beteiligen sich außer Deutschland noch Frankreich, Belgien, Holland, Österreich und Italien. Die immermehr sich ausbreitende Industrie europäischer und überseeischer Länder hat aber die Absatzgebiete erheblich eingeschränkt, insbesondere ist der nordamerikanische Markt durch die bis 100% gesteigerten Schutzzölle der Mac-Kinley-Bill und des Dingley-Tarifes in den 90er Jahren verloren gegangen, und auch nach Rußland ist ein Export nur in ganz teueren Qualitäten möglich. Die Tropenländer scheiden für die warmhaltenden Florgewebe überhaupt aus.

Deutschlands Ausfuhr geht namentlich nach England, Schweden, Norwegen, Dänemark, den Balkanstaaten, in geringerem Maße nach Österreich, Italien, Schweiz, Spanien, Südamerika, Japan und Australien. Im großen und ganzen haben die Fabrikanten der gedrückten Preise wegen sie selbst in Händen, und zwar geschieht die Vermittlung durch Hamburger, Londoner und Pariser Exportfirmen, die entweder direkt von den Fabrikanten beziehen oder die Waren an ausländische Spediteure gehen lassen, bei denen sie über den Weiterversand verfügen.

England ist als einziger Freimarkt der wichtigste Abnehmer von Mohärplüschen und Moquettestoffen. Deutschland, das im englischen Geschäft mit den Plüschwebereien von Amiens, belgischen und holländischen[1] Orten konkurriert, führt 25—33$^1/_3$% seiner gesamten Produktion nach England aus, bei einigen Mohärplüschbetrieben steigt dieser Prozentsatz bis auf 50 und 60.

Die ehemals große Plüschindustrie Englands hat sich in neuerer Zeit auf Teppiche und feinere Moquette spezialisiert; ihr einziger hervorragender Vertreter in Konfektions- und Möbelplüschen ist die Listersche Fabrik in Bradford, die während der Geltungsdauer ihres Patentes auf mechanischen Doppelplüsch von 1888—1902 den englischen Markt allein inne hatte. In dieser Zeit war ein Export nach dort nur in Handplüschen möglich. Nach Ablauf des Patentes änderten sich die

[1] Im Holländischen heißt Plüsch noch jetzt „trijp".

Verhältnisse. Da Lister den direkten Verkehr mit den Polstermöbelfabriken aufnahm, knüpften die englischen Grossisten auswärtige Beziehungen an.

Das Geschäft wird in der Weise gehandhabt, daß die deutschen Webereien an die Londoner Exporthäuser liefern oder von Vertretern in London, Bradford und anderen Plätzen die Aufträge erhalten. Das meiste Plüschmaterial fließt in die für England und seine Kolonien arbeitenden Sofa- und Stuhlfabriken, daneben ist Englands Bedarf an Plüschkrimmerdecken groß.

England hat also in der Plüschbranche durch das Mohärgarn-Monopol die Funktion des Spinners übernommen, führt viele selbstfabrizierte Rutenstühle nach dem Continent ein und empfängt die fertigen Webstoffe wieder zurück......, ein Bild weltwirtschaftlicher Arbeitsteilung, das auch äußerlich im Zahlungs- und Rechnungsverkehr in Erscheinung tritt, indem sowohl die Mohärrechnungen der Elberfelder Garnhändler, wie die Plüsch-Exportrechnungen auf englische Währung lauten, und das Mohärgarn mit englischen Rimessen bezahlt wird.

Zahlenmäßige Nachweise über den Export von Plüschen und Moquetten sind aus der deutschen Warenstatistik, die alle Florgewebe zusammenfaßt, nicht zu erbringen.

Siebenter Abschnitt.

Die gegenwärtige Lage der Industrie.

Der Übergang zur mechanischen Weberei hat die Mohärplüschindustrie in eine Krise gebracht, die in den letzten Jahren von bedenklichen Erscheinungen begleitet ist. Für diese Krise ist eine Überproduktion verantwortlich zu machen, hervorgerufen durch die gewaltige Steigerung der Leistungsfähigkeit des mechanischen Webstuhls und in ihrer Wirkung verstärkt durch die Ungunst der Mode.

Die Produktion des Doppelstuhls ist, verglichen mit derjenigen des Handstuhles, geradezu enorm. Ein Stück Plüsch von 50 m Länge gebraucht zu seiner Herstellung in der Hausindustrie 4 Wochen, dagegen liefert ein moderner Doppelspuler mit 3 Breiten als Ober- und Unterware dieselbe Menge sechs mal in 5—6 Tagen, so daß eine 30—40-fache Produktion herausgerechnet werden kann. Natürlich laufen in jeder Fabrik noch ein- und zweibreitige Stühle mit entsprechend geringerer Leistung, und die Zahl der aufgestellten mechanischen Stühle ist erheblich gesunken gegenüber den Handstühlen. Man kann sagen, wie dem Verfasser von mehreren Seiten versichert wurde, daß eine Fabrik, die zur Zeit der Handweberei 400 Stühle beschäftigte, ihren mechanischen Betrieb auf 50 Stühle einrichtete. Daraus ergibt sich, daß die mechanische Weberei die drei- bis vierfache Warenmenge erzeugen kann. Bei einer so erhöhten Produktion mußten Absatzstockungen unausbleiblich sein, wenn auch die eintretende Verbilligung des Plüsches ihn weiteren Volksschichten zugänglich machte, und ausländische Märkte gewonnen wurden.

Als schwerwiegendes Moment kam ein Umschwung der Mode hinzu. An dieser Stelle sei kurz auf die Plüschmode eingegangen. Die Entwicklung der neueren Plüschindustrie hängt eng mit der Ausbreitung der Eisenbahnen zusammen; die große Verbreitung, die sie in der Mitte des vorigen Jahrhunderts nahm, ist nur durch den Ausbau des europäischen und namentlich des amerikanischen Eisenbahnnetzes zu erklären. Die Waggonfabriken waren lange Zeit die Hauptabnehmer des Plüsches. Mit dem Wachsen der Wohlhabenheit in der Bevölkerung nach 1870 wurde der Plüsch allmählich der tonangebende Bezugstoff, welcher die bis dahin üblichen Ripse, Cottelines und Fantasiestoffe verdrängte. Der Höhepunkt der Plüschmode ist in den 90er Jahren. Da begann die mechanische Herstellung des Moquettes sich in Deutschland auszudehnen; erst langsam, dann nach 1900 mit dem Erscheinen der Druckmoquette und Kameeltaschen in stürmischer Weise, eroberte sich dieses Gewebe den Markt und entriß dem Plüsch die Führung in der Möbelstoffbranche. Die Vorzüge des Moquettes beruhen einmal in seinem Farben- und Musterreichtum, der einer immer Neues suchenden Mode größeren Spielraum läßt, während der einfarbige, Ton in Ton gehaltene Mohärplüsch weniger Variationen erlaubt. Ferner ist der härtere Moquette nicht so leicht der Abnutzung und dem Verschießen ausgesetzt, wie der Plüsch. Der Moquette beherrscht jetzt durch glatte, gestreifte und kleinmustrige Schaftware und Epinglés (nach Art des Brüsseler Teppichs mit unaufgeschnittenem Flor) das ganze Gebiet der besseren Wohnungseinrichtungen, die Polstermöbel der Theater, Restaurants, Cafés, der Wagen; nur in den feinsten Ausstattungen muß er mit Gobelinstoffen wetteifern. Dagegen ist der Plüsch aus den Kollektionen der feine und moderne Genres führenden Grossisten verschwunden und hat eine andere Kundschaft gefunden, die der unteren Volksschichten, die von Möbelmagazinen und Abzahlungsgeschäften bedient werden. Nicht nur der Modewechsel, der größere Mannigfaltigkeit begehrende Geschmack des Publikums ist schuld daran, sondern auch die mit der Massenproduktion einhergehende Verbilligung des Plüsches, wodurch dem kleinen Manne die Anschaffung erleichtert wurde. Es ist eine Erfahrungstatsache, daß der Mode unterworfene Gebrauchsgegenstände ihre Beliebtheit bei der kaufkräftigeren Bevölkerung einbüßen, sobald sie in die breiten Massen dringen. — Trotzdem wuchs der Konsum nicht in dem Verhältnis, wie die durch den mechanischen Stuhl erzeugte Warenmenge, und eine von Jahr zu Jahr sich vergrößernde Überproduktion stellte sich ein.

Jetzt zeigten sich zuerst die Wirkungen der veränderten Stellung des Plüschfabrikanten. Während er als Leiter einer Verlagsindustrie die Folgen von Absatzstockungen zu einem großen Teile auf die Hausweber abwälzen konnte, trug sein in dem mechanischen Betriebe angelegtes Kapital die alleinige Last, und die ganze Wucht der schlechten Konjunktur fiel auf ihn zurück. Er sah sich außer Stande, bei dem Preisrückgange sein Kapital genügend zu verzinsen. Mit dem Überwiegen des Angebots über die Nachfrage entglitt die Preisgestaltung seinen Händen, um in die der Großhändler zu gelangen. Deren Stellung wurde immer mächtiger, und sie nutzten dies aus, indem sie ihre Ansprüche an Kredit und Mustermaterial zu steigern begannen. So geriet das ganze Zahlungs- und Lieferungswesen in Verwirrung, nicht mehr der Preis allein war für das Zustandekommen eines Geschäftes ausschlaggebend, sondern Vergünstigungen wie Frankolieferung, Umsatzvergütungen, hoher Musterrabatt. Diese Mißstände drängten bald auf gemeinsame Regelung, und in den Kreisen der Fabrikanten mehrten sich die Bemühungen, durch Zusammenschluß eine Besserung der Verhältnisse herbeizuführen.

Die Lage der Moquetteindustrie war eine viel glücklichere, weil ihr die Mode zustatten kam. Nur in der Druckmoquettebranche hatten sich unerquickliche Zustände herausgebildet. Seine Fabrikation hatte unter der großen Mode, die 1895 einsetzte und jahrelang anhielt, eine gewaltige Vermehrung erfahren; ein Fabrikant nach dem andern bemächtigte sich dieses gewinnbringenden Artikels. Die so geschaffene Konkurrenz führte aber nach 1900 zu Überproduktion, Preissturz und zunehmender Verschlechterung der Qualitäten. 1901 schlossen sich die Druckmoquettefabrikanten von Chemnitz zu einer Konvention zusammen, der auch die Kettendrucker beitraten, und die 1903 auf den Artikel „Doppel-Jacquard-Moquette" vorübergehend ausgedehnt wurde. Der Zweck dieser Konvention war, das Zahlungs- und Lieferungswesen zu ordnen und den Verkaufspreis auf eine gesundere Grundlage zu stellen. Die Einhaltung der Bestimmungen seitens der Fabrikanten wurde durch die Forderung des Ehrenwortes und durch Hinterlegung einer nicht unerheblichen Barsumme gewährleistet. Die Bezugsbedingungen wurden durch je nach der Größe der Bestellung wachsende Skontovergütungen geregelt und staffelförmige Preislisten ausgegeben. Die Technik des Druckmoquettes ist in Material und Dichte eine gleichförmige, so daß einer Preisfestsetzung kein Hindernis im Wege stand. Man schuf drei Normalqualitäten, groß-, mittel- und kleinblumige.

Die Bedingungen der Konvention erregten bei den Abnehmern von Anfang an heftigen Widerspruch, und es begann ein langer Kampf, dessen einzelne Phasen wir nicht verfolgen können. Die widerstreitenden Interessen der verschiedenen Abnehmergruppen, die dem Fernstehenden sonst verhüllt bleiben, traten gelegentlich dieser Kämpfe offen zutage. Die leitenden Gesichtspunkte hierbei waren die Abgrenzung des Kundenkreises und die Differenzierung der Grossisten und Detaillisten seitens der Fabrikanten in den Bezugsbedingungen. Die Konvention hat als wichtigstes Ergebnis die Entstehung von Abwehrorganisationen des Zwischenhandels gezeitigt. Der schon länger bestehende Verein der Detailgeschäfte der Möbelstoffbranche schloß sich enger zusammen, und 1907 bildete sich der Verband der Möbelstoff-Grossisten. Die Ziele dieser beiden Vereinigungen begegneten sich nur in einem Punkte. Sie kämpften gegen das bei der rückgängigen Konjunktur überhandnehmende Detaillieren der Fabrikanten und haben sich des Mittels der Boykottierung gegen jeden Fabrikanten bedient, von dem bekannt wurde, daß er an Möbelfabriken verkaufte. Wegen der Preisfestsetzung und Lieferungsbedingungen kam es zu einem sich mehrere Jahre hinziehenden Meinungsaustausch in der Fachpresse und auf Tagungen über die verschiedene Behandlung der Detaillisten und Grossisten. Wie schon erwähnt, gewährt die Konvention, um die Kundschaft zur Bestellung großer Stücklängen zu veranlassen, einen der Höhe des Auftrages entsprechend abgestuften Skonto. Eine Ermäßigung tritt bei 50—99 m pro Dessin und Farbe, bei 100—199 m und über 200 m ein, und zwar beträgt die Differenz zwischen der ersteren und letzteren Menge 5%. Da ein Detaillist wohl nur selten 50—100 m von einem Muster in der gleichen Farbe beziehen kann, so hat er von der Skontovergütung keinen Nutzen und ist deshalb auf dem Markte gegenüber dem Grossisten nicht mehr konkurrenzfähig. Die Detaillisten erblicken darin eine Bedrohung ihrer Existenz, um so mehr, als sie durch die Grossisten sowieso im Geschäft mit der ortsansässigen Tapeziererkundschaft geschädigt werden. Ihre Forderungen gingen darauf hinaus, die Konventionsbedingungen nur auf das Muster überhaupt, einerlei, in welcher Farbe es gewünscht wird, anzuwenden. Den Fabrikanten wurde bei diesen Erörterungen immer wieder vor Augen geführt, daß es nicht in ihrem Interesse liegen könnte, sich in die Abhängigkeit von Wenigen zu begeben, die ihre dadurch erlangte Macht leicht mißbrauchen könnten. Die Fabrikanten verteidigten ihre Preispolitik mit der Begründung, daß das in dem großen Lager ruhende höhere Risiko der Grossisten, ihre bedeutenden Reise- und Musterspesen den Vorteil eines etwas günstigeren Einkaufs verringerten.

Die Bemühungen des Detaillisten-Verbandes um Gleichstellung mit den Großhändlern wurden 1905 mit Erfolg gekrönt. Seinen Mitgliedern wurde eine Umsatzprovision, beginnend mit 2% und steigend im Verhältnis zu dem Umsatze, den sie mit sämtlichen Mitgliedern der Konvention jährlich erzielten, und gegen die ehrenwörtliche Erklärung eingeräumt, in derselben Zeit von keinem Nichtmitgliede gekauft zu haben. Die Aufrechnung dieser Vergütung erfolgt durch eine Zentrale.

Die Einigung kam auch äußerlich durch den Eintritt der Fabrikanten in den Detaillisten-Verein zum Ausdruck. Die so durch die Verpflichtung des ausschließlichen Verkehrs mit dem Kartell geschaffene Interessengemeinschaft hatte offenbar den Zweck, die außerhalb der Konvention Stehenden, die in den ersten Jahren zusammen mit einigen Kettendruckern der Preispolitik entgegengearbeitet hatten, zum Anschluß zu bewegen. Eine Beruhigung in den Reihen der Abnehmer ist auch dann nicht eingetreten, obwohl der gute Einfluß der Konvention auf die Preisgestaltung anerkannt wurde. Ein Teil der Grossisten beklagt sich darüber, daß die hohen Skontosätze nur einigen Großverbrauchern zugute kommen, und vernachlässigt daher den Artikel.

Zusammenfassend wird man sagen können, daß die Druckmoquette-Konvention einige Jahre lang segensreich gewirkt, den Schleuderpreisen Einhalt getan und das „Verramschen“ fehlerhafter Waren beseitigt hat. Allerdings konnte die Preispolitik des Verbandes nicht ohne große Zugeständnisse an die Abnehmer durchgeführt werden.

Die Konvention ist im Juli 1912 in ganz loser Form verlängert worden. Ein großer Wert wird ihr nicht mehr beigemessen, da die Mode die Kameeltaschen und bunten Moquette nicht begünstigt, und ihnen in dem augenblicklich den Markt beherrschenden kleingemusterten Schaftmoquette ein gefährlicher Feind entstanden ist. Diese Ware ist technisch solider und vor allen Dingen billiger; denn ein Pfund gefärbte Schaftware kostet einschließlich der Appretur 3 Mk. gegen einen Preis von 4 Mk. für ein Pfund bedruckten Kettenmaterials.

17 Firmen gehören der Konvention an, meist in Chemnitz wohnhaft; die nicht angeschlossenen Fabrikanten pflegen die Konventionspreise einzuhalten.

Organisationen von örtlichem Charakter sind auch in Elberfeld zustande gekommen, die in dem 1902 gegründeten „Verbande Westdeutscher Möbelstoff-Fabrikanten“ ihren Mittelpunkt hatten. Die zu ihm gehörenden Firmen konnten jahrelang erfolgreich die Zahlungs- und Lieferungsbedingungen, wie Mustervergütung, Kuponaufschläge, einheitlich regeln. 1910 löste sich der Verband jedoch auf, weil sich herausstellte, daß einige Mitglieder großen Abnehmern im geheimen Vergünstigungen zuteil werden ließen, die gegen die Verbandsvorschriften verstießen. Es war versäumt worden, solche Übertretungen durch Hinterlegung von Sicherheiten zu erschweren.

Zu den Konventionsbestrebungen der Mohärplüschbranche übergehend, bemerken wir vorweg, daß die Konvention der Samt- und Plüschfabrikanten, die internationalen Charakter hat, den Möbelplüsch ausscheidet und nur den wenig gebräuchlichen Möbelplüsch mit Chappeseidenflor als Vertragsware aufgenommen hat. Diese Plüschfabrikanten sind die in Krefeld ansässigen Produzenten von seidenen Konfektionsplüschen.[1]

Die Mohärplüschindustrie ist von den Folgen der Überproduktion am schwersten betroffen worden. Hier führten die Absatzstockungen zu einem heftigen Konkurrenzkampfe, in welchem die weniger kapitalkräftigen Betriebe unterliegen mußten. Im Gegensatz zur Moquettebranche, die bei ihrem Wiederaufleben in Deutschland gleich mechanisch einsetzte, hatte die Plüschbranche die Zeiten einer Produktionsumgestaltung zu überstehen. Das Bauen und Einrichten der Fabrik, das Aufsuchen einer Großabnehmerkundschaft stellte derartige Anforderungen an Kapital, daß lange Zeit von einem Gewinn keine Rede war, und die Unternehmer nur von der Zukunft einen Entgelt für ihre Aufwendungen erhofften. Viele aber begannen, geschwächt in eigenem Kapital, mit Bankkredit belastet, die mechanische Produktion. Ein Teil der Betriebe war überhaupt nicht fähig, den Übergang mitzumachen und wurde nach einigen Jahren durch die Konkurrenz des mechanischen Plüsches zur Einstellung der Handweberei gezwungen.

---

[1] Bötzkes, Die Seidenwaren-Produktion und der Seidenwaren-Handel in Deutschland (S. 84). Tübingen 1909.

Bis 1905 sind in Elberfeld, dem Hauptsitze der Plüschverleger, etwa 10 Firmen eingegangen.

Zum Verständnis der durch die Ereignisse der letzten Jahre geschaffenen Lage seien die Mohärplüschfabrikanten in drei Gruppen geteilt, die der kapitalkräftigen, welche die schnell aufeinander folgenden technischen Errungenschaften einzuführen vermochten, die mittleren Betriebe, die zwar die mechanische Weberei rechtzeitig aufnahmen, aber nicht über genügendes Kapital verfügten, um sich technisch auf der Höhe zu halten, endlich die von Faktoren gegründeten Kleinbetriebe. Zwischen diesen drei Gruppen entbrannte ein scharfer Konkurrenzkampf, um die vervielfachte Warenmenge unterzubringen. Die kleineren Fabrikanten begannen den Absatz an Konsumenten direkt zu äußerst niedrigen Preisen; geringerer Spesen und einfacherer Lebensansprüche wegen waren sie dazu imstande. Die Großbetriebe konnten diesen Preisen eher folgen, weil ihr Spesenetat im Verhältnis zum Umsatz sich günstiger stellte, als bei denjenigen Betrieben, die, mit hohem Bankkredit arbeitend, unter weit schlechteren Bedingungen produzierten. Diese Gruppe geriet allmählich in eine bedrängte Lage, denn es war ihnen nicht mehr möglich, die neusten Erfindungen der Webstuhltechnik zu erwerben. So erlangten die Großbetriebe außer ihrer Kapitalüberlegenheit auch eine technische, die ihnen einen neuen Vorsprung sicherte und die mittleren Betriebe konkurrenzunfähig machte. Die minimalen Gewinne der ersten Zeit der mechanischen Produktion reichten bei den kapitalarmen Fabrikanten nicht aus, die schnell veraltenden Webstühle abzuschreiben und durch leistungsfähigere zu ersetzen. Sie mußten, bilanztechnisch gesprochen, unter der Last ihrer Maschinenkonten zusammenbrechen.

Die Preisschwankungen vollzogen sich innerhalb einer Spanne von 20 Pf. bei einer Preislage von 1,70 Mk. pro Meter und erhoben sich infolge der andauernden Unterbietungen schließlich nur noch so wenig über die Grenze der Selbstkosten, daß der Nutzen bei den kapitalarmen Firmen von den Bankzinsen absorbiert wurde. Das ist da nicht zu verwundern, wo um einen Pfennig im Einheitspreis gefeilscht wird.

Verhängnisvoll waren die letzten beiden Jahre insofern, als die um ihre Existenz kämpfenden Unternehmungen, um dringenden Verbindlichkeiten nachzukommen, ihre Erzeugnisse unter Selbstkostenwert Großhändlern zu überlassen gezwungen waren, die diese Situation ausgenutzt haben sollen. Unter solchen Umständen haben auch die Großbetriebe in letzter Zeit nur mäßige Erträge herausgewirtschaftet. Einige verstanden es, in richtiger Beurteilung der Verhältnisse, die Wirkungen der ungünstigen Konjunktur durch Aufnahme von Moquette- und Tischdeckenfabrikation abzuschwächen.

Mit dem Konkurrenzkampf war eine Entartung der Zahlungs- und Lieferungsbedingungen verbunden, die in der Branche seit jeher zu wünschen übrig ließen. Eine für kleine Handwerker und Abzahlungsgeschäfte arbeitende Industrie ist dem Mißbrauche des Kredits ganz besonders ausgesetzt. Neunmonatliches Ziel ist daher die Regel geworden, Überschreitungen bis zu $1^1/_2$ und 2 Jahren sollen gar nicht selten sein.

Der Zwischenhandel belastet eben mit dem langen Kredit, den die Kundschaft von ihm verlangt, seinen Lieferanten.

An diesem Punkte setzten die Versuche zur Besserung der unhaltbar werdenden Zustände ein. Die treibenden Kräfte in den Bemühungen, organisatorisch auf eine Gesundung der Mohärplüschindustrie hinzuwirken, waren natürlich die in Not befindlichen Fabrikanten. Die ersten, den Abschluß einer Konvention erstrebenden Verhandlungen fanden 1906 statt, führten aber zu keinem Ergebnis. 1910/11 wurden sie mit verdoppeltem Eifer wieder aufgenommen, dieses Mal mit dem weitergesteckten Ziele, eine Einigung der Plüsch- und Moquettefabrikanten von ganz Deutschland zustande zu bringen.

Eine Preiskonvention kam von vornherein nicht in Frage, ist auch fast unmöglich, weil zu viele Qualitäten im Markte sind, und die technische Ausrüstung, infolgedessen die Leistungsfähigkeit der einzelnen Betriebe, zu ungleich ist. Es konnte sich nur um eine Regelung des äußeren Geschäftsverkehrs handeln; also Maßnahmen gegen Zielüberschreitung, einheitliche Grundsätze betreffs Musterrabatt, Kuponaufschläge, Frankolieferung, sollten den Gegenstand der Abmachungen bilden. So versuchte man z. B. die folgenden Zahlungsbedingungen als Norm aufzustellen: Bei Zahlung innerhalb 30 Tagen 4% Skonto, nach 60 Tagen 3%, nach 90 Tagen 2½%, nach 3 Monaten Dreimonatsakzept ohne Abzug. Der Zusammenschluß sollte durch einen Schutzskonto von 10% erreicht werden, der zunächst auf den Warenpreis geschlagen wurde, um am Ende des Jahres den nur bei den Verbandsmitgliedern kaufenden Grossisten vergütet zu werden.

Schon auf der Tagung in Kassel traten Meinungsverschiedenheiten wegen Aufhebung der Frankolieferung hervor. Sie stieß auf den Widerstand der rheinischen und westfälischen Fabrikanten, die nicht zugeben wollten, daß sie an dem großen Grossistenplatze Chemnitz gegenüber den dort wohnenden Fabrikanten benachteiligt würden. Die Versammlung in Eisenach brachte die Entscheidung. Sie ergab die Aussichtslosigkeit einer Verständigung, so daß die Verhandlungen endgiltig abgebrochen wurden.

Forscht man den Ursachen nach, so liegen sie einmal in der Verschiedenartigkeit der mit Plüsch- und Moquetteweberei sich befassenden Unternehmungen. Große, mit kaufmännischem Geiste geleitete Betriebe stehen neben kleinen, die nach anderen Grundsätzen arbeiten, Möbelstoff- und Teppichfabriken, die an den Velourstoffen nicht allein interessiert sind, neben reinen Spezialfabriken. Da müssen in einer Zeit der Gärung und des Kampfes die notwendigsten Voraussetzungen für eine Organisation, Gemeinschaftsgefühl und Vertrauen, fehlen, die sich auch durch kartelltechnische Kautelen, wie Sicherheitsstellung, Aufsichtsbeamte, Ehrenworte, nicht erzwingen lassen.

Die letzten Gründe sind jedoch wohl in dem Verhältnis der Fabrikanten zu ihren Abnehmern zu suchen. Eine Konvention würde durch gemeinsame Verkaufsbedingungen die Bewegungsfreiheit des einzelnen in der Behandlung der Grossisten beeinträchtigen und alle Verbandsmitglieder in diesem Punkte gleichstellen. Der einzelne Fabrikant würde dann seine Kapitalüberlegenheit, die ihm durch Gewährung langer Kredite bisher im Wettbewerb zum Siege verholfen hatte, nicht mehr in die Wagschale werfen können. Mit anderen Worten: Die Großbetriebe wollen sich aus der mühsam errungenen Position nicht verdrängen lassen und fühlen sich nicht verpflichtet, zur Rettung ihrer Konkurrenten die Hand zu bieten.

Die Stellung der Grossisten zu einer Konvention ist nicht klar ersichtlich, da ihnen das Scheitern der Verhandlungen keine Gelegenheit zur Vertretung ihres Standpunktes gegeben hat. Sicher ist, daß in einer rückgängigen Konjunktur die Macht des die erste Nachfrage darstellenden Zwischenhandels besonders groß ist, und die Rücksicht auf ihn der Politik der Gegner einer Konvention die Richtung wies. Wäre eine solche zustande gekommen, so würde sie die Grossisten auf den Kampfplatz gerufen und damit die Frage der gegenseitigen Abgrenzung des Kundenkreises in derselben Weise, wie bei der Druckmoquette-Konvention, aufgerollt haben. Ob die Plüschindustrie, noch nicht in sich selbst gefestigt, hier auf die Dauer erfolgreichen Widerstand hätte leisten können, ist zu bezweifeln.

Schlußbetrachtungen.

Zur Zeit, wo diese Zeilen geschrieben werden, hat die Krise acht Opfer gefordert, das bedeutet: 16% sind ausgeschieden. In eingeweihten Kreisen hält man weitere Betriebseinstellungen für wahrscheinlich; auch der Millionenkonkurs einer Grossistenfirma im November dieses Jahres hat der Industrie neue Wunden zugefügt.

Volkswirtschaftliche Verluste in solchem Umfange werfen auf die durch die Bedarfsverschiebung der Mode bewirkten Wertvernichtungen nicht minder ein grelles Licht, wie sie das Risiko des Unternehmertums dartun. Die Übernahme einer Produktion aus der menschlichen Arbeitskraft in die Maschine ist eine Revolutionierung schwerwiegendster Art, und das Übergangsstadium muß mit Erschütterungen verbunden sein. Diese Ereignisse beweisen wieder, daß Massenerzeugung auf die Dauer nur vom mit genügendem Kapital ausgerüsteten Großbetriebe nutzbringend geleistet werden kann.

Unter der verminderten Konkurrenz ist inzwischen eine Besserung in den Absatzverhältnissen eingetreten, und die meisten Fabriken sollen gut beschäftigt sein. Die Krise hat also schon reinigend gewirkt. So bedauerlich sie in ihren Folgen für die davon Betroffenen ist, leitet sie vielleicht eine Zeit gesunderer Entwicklung ein. Stehen sich erst einmal ebenbürtige Gegner in den Fabrikanten gegenüber, so wird für sie der Augenblick gekommen sein, von der Selbsthilfe, die sie jetzt vertreten, zur Organisation zu schreiten und ungerechtfertigte Ansprüche der Abnehmer geschlossen abzuweisen. Dann werden sie auch die Früchte ihrer Arbeit ernten, die seit 15 Jahren nur den Webstuhlfabrikanten zugefallen sind.

Es drängt sich noch die Frage auf, ob in der Spezialisierung allein das Heil erblickt werden kann. Die Erzeugung von Modewaren wird immer Gefahren in sich bergen, desto größere, je einseitiger sie betrieben wird. Die Organisation in Chemnitz scheint in dieser Hinsicht den Vorzug zu verdienen, in ihrer Beweglichkeit und Vielseitigkeit paßt sie sich jeder Veränderung der Mode an, und Verluste auf der einen Seite werden durch Gewinne auf der anderen ausgeglichen. Die für den Modemarkt arbeitenden Spezialfabriken müssen stets damit rechnen, daß auf Zeiten glänzenden Geschäftsganges solche schwerster Verluste folgen. Die Aufnahme des Moquettes durch die reinen Plüschfabriken ist überall zu beobachten, doch sind hierbei gewisse Grenzen gezogen durch die außerordentlichen Kapitalien, die in der Moquettefabrikation erforderlich sind. Und es ist nicht zu vergessen, daß die

Moquettebranche unter der Last der nie aufhörenden Musterung leidet, die einen ganz anders gearteten Konkurrenzkampf hervorruft, nicht minder schwer, weil niemand den Anfang machen will, abzurüsten. Ferner sucht man sich durch Erzeugung von Stoffen, die nicht demselben Bedarfskreise angehören, von der Mode unabhängiger zu machen. Es haben einige Plüschfabriken begonnen, Matratzendrelle und dergl. anzufertigen.

Der Markt der Möbelstoffe ist heiß umstritten, immer neue Gewebe suchen die Gunst des kaufenden Publikums zu erwerben. So sind Lederbezüge, Lederimitationen, Manchesterstoffe (Cords), bedruckte Leinenbezüge in Mode gekommen. In letzter Linie ist jedoch die Güte und Gebrauchsfähigkeit einer Ware entscheidend. Die Polgewebe sind so leicht nicht zu verdrängen, da sie durch ihre Technik den glatten überlegen sind und ihnen auch an Schönheit nicht nachstehen. Bedenklich könnte erscheinen, daß der Mohärplüsch den Abzahlungsgeschäften anheimgefallen ist und sich damit in der guten Stube des soliden Arbeiters ein langes Dasein gesichert hat. Wird er trotzdem wieder einmal in die besseren Wohnungseinrichtungen aufgenommen, so kann es sich nur um die feineren Qualitäten handeln, und diese werden sich dann mit den Moquetten und anderen Bezugstoffen in der Versorgung des Marktes teilen müssen.

Ist die durch die Verbilligung eingetretene Degradierung des Plüsches für die Zukunft der Industrie eine Gefahr? Das wird man wohl verneinen dürfen. Der moderne Doppelplüschstuhl ist auf für den großen Konsum berechnete Massenerzeugung zugeschnitten. Hat die Industrie die jetzige Krise überwunden, so stehen ihr auf dem beschrittenen Wege Absatzgebiete offen, die sich in dem Maße erweitern werden, wie das Bedürfnis nach behaglicher und schöner Ausstattung der menschlichen Wohnung auch in den breiten Schichten der Stadt- und Landbevölkerung zunimmt.

Der Grundsatz „billig und schlecht" hat sich, das ist nicht zu leugnen, auch in diesem kleinen Zweige des großen Textilgewerbes Geltung verschafft. Aber dieses Schlagwort braucht nicht immer einen Vorwurf zu enthalten. Daß die glänzenden Veloursstoffe, die jahrhundertelang nur die Wohnungen der Reichen zierten, auch dem Arbeiter zugänglich gemacht worden sind, ist als kultureller Fortschritt zu bewerten und gereicht der Technik zum Ruhme.

Literatur.

A) Quellen für den ersten Teil.

Michel, Francisque, Recherches sur le commerce, la fabrication et l'usage des étoffes de soie, d'or et d'argent. 2 Bände. Paris, 1852—54.
Littré, Dictionnaire de la langue française. 1863 u. 1869.
Godefroy, Dictionnaire de l'ancienne langue française. 1881—92.
Larousse, Grand Dictionnaire Universel du XIXme Siècle. 1874.
Cotgrave, Dictionnary of the French and English Tongues.
Thomaseo e Bellini, Dizionario della Lingua Italiana. 1865.
Grimm, Deutsches Wörterbuch.
Körting, Etymologisches Wörterbuch. 1908.
Schiller u. Lübben, Mittelniederdeutsches Wörterbuch. 1872.
Drival, E. van, Les tapisseries d'Arras. 1878.
Wauters, Tapisseries Bruxelloises. 1878.
Pirenne, Geschichte Belgiens. 1899 u. 1900.
Soil, Eugène, Les tapisseries de Tournai, les tapissiers et les hautelisseurs de cette ville. Tournai, 1892.
Silbermann, Die Seide, ihre Geschichte, Gewinnung und Verarbeitung. 1897.
Cauwenberghs, Clém. van, L'industrie de la soie à Anvers depuis 1532. 1887.
D'Ajano, Die venetianische Seidenindustrie und ihre Organisation. 1893.
Koch, H., Geschichte des Seidengewerbes in Köln. (Schmollers Jahrb. Bd. 128.)
Schmoller, Acta Borussica, Bd. I u. II. 1892.
Hintze, O., Die preußische Seidenindustrie im 18. Jahrhundert und ihre Begründung durch Friedrich d. Großen. (Acta Borussica, Bd. III.) 1892.
Ashley, W. J., Englische Wirtschaftsgeschichte. Übersetzt von Robert Oppenheim. 1876.
Geering, Handel und Industrie der Stadt Basel. 1886.
Martin, Germain, La grande industrie sous le règne de Louis XIV. 1899 u. 1900.
Bökelmann, Das Aufkommen der Großindustrie im sächsischen Wollgewerbe. 1906.
Bein, Industrie des Sächsischen Vogtlandes. 1884.
Hildebrand, Zur Geschichte der deutschen Wollenindustrie. 1866.
Zeitschrift des Vereins für Hamburgische Geschichte, Bd. 9. Aufsatz von Stieda, Hamburgische Gewerbetreibende im Auslande.
Hamburger Geschichts-Blätter, 1899. Aufsatz von Koppmann.
Mitteilungen des Vereins für Hamburger Geschichte:
5. Jahrgang, Aufsätze von Koppmann und Walther.
6. Jahrgang, Aufsätze von Koppmann und Beneke.
15. Jahrgang, Aufsatz von Walther.
Hamburger Nachrichten von 1891, Aufsatz von Dr. Rüdiger, Hamburgs Handel und Gewerbe im Zeitalter der Reformation.
Hansische Geschichts-Blätter, Jahrgang 1895, Aufsatz von Reese, Die historische Entwicklung der Bielefelder Leinenindustrie.
Hess, v., Hamburg, topogr., polit. und histor. beschrieben. 1787.
Westphalen, Hamburgs Verfassung und Verwaltung. 1841.
Mayer, Philipp, Nicolas de Smit, der Begründer der Wollenzeugfabrikation in der Stadt Gera. (Festschrift. Gera, Blachmann & Bornschein.) 1841.

Finkenwirth, Urkundliche Geschichte der Gera-Greizer Wollwarenindustrie von 1572 bis zur Neuzeit. (Leipzig, Dissertation 1910.)
Hahn, Geschichte von Gera. 1855.
Tollin, Geschichte der französischen Kolonie von Magdeburg. 1886—94.
Savary, Dictionnaire Universel de Commerce. 1733.
Krünitz, Ökon. technol. Enzyklopädie.
Schumann, Vollständiges Staats-, Post- und Zeitungslexikon von Sachsen. 1816.
Journal für Fabrik, Manufaktur und Handlung. Leipzig, Jahrg. 1792.
Schedels Warenlexikon 1835.
Ludovici, Enzyklopädisches Kaufmannslexikon. 1797—1801.
Leonhardi, Geschichte der Handelsstadt Leipzig. 1799.
Akten: Nassau-Weilburg, Generalia XVIIb, Nr. 124. Staatsarchiv Wiesbaden.
Akten: Nassau-Weilburg, Kabinett Nr. 237. Staatsarchiv Wiesbaden.
Gebauer, H., Die Volkswirtschaft im Königreich Sachsen. 1893.
Keussen, Geschichte der Stadt und Herrlichkeit Crefeld. 1865.
Festschrift zur 39. Hauptversammlung des Vereins deutscher Ingenieure in Chemnitz 1898: Aufsatz von Paul Hoffmann, Die Möbelstoffindustrie in Chemnitz.
Gau, M., Die Plüschweberei im Eisenacher Oberland des Großherzogtums Sachsen. (Schriften des Vereins für Sozialpolitik von 1889.)
Karmarsch, Geschichte der Technologie. 1872.
Koch, Die Teppichfabrikation. 1906.

B) Quellen für den zweiten Teil.

Bosheck, W., Die Florgewebe. Wien und Leipzig, A. Hartlebens Verlag, 1905. (Theorie und Praxis der mechanischen Weberei.)
Strahl, Gustav, Die Samt- und Plüschfabrikation. Berlin, A. Seydel. 1900. (Bindungslehre und Patente.)
Jahresberichte der Handelskammern von Bielefeld, Elberfeld, Barmen, Krefeld, Chemnitz.
Deutsche Teppich- und Möbelstoff-Zeitung, 1895—1911.
Statistisches Material der Gewerbeinspektionen Düsseldorf, M.-Gladbach, Vohwinkel, Elberfeld, Barmen, Bielefeld, ferner der Süddeutschen Textilberufsgenossenschaft Sektion Augsburg..
Außerdem:
Besichtigungen von Fabrikbetrieben und persönliche Erkundigungen bei Fabrikanten, kaufmännischen Chefs und Angestellten, Webschuldirektoren und Fachlehrern, Werkmeistern, Webern, Gewerkschaftsbeamten und Faktoren.

Metzger & Wittig, Leipzig.

www.ingramcontent.com/pod-product-compliance
Lightning Source LLC
LaVergne TN
LVHW091729021026
849161LV00003BB/524